CliffsNotes™

막대한 유산

Great Expectations

찰스 디킨스

다락원 WILEY
Publishers Since 1807

세계의 교양을 읽는다

고전을 왜 읽는가?

인간의 삶과 세상에 대한 영원한 물음이 있기 때문이다. 시대와 사상을 뛰어넘어 지금 여기 우리에게 필요한 물음이 없는 고전은 더이상 고전이 아니다. 인간과 삶에 대한 근원적인 물음 없이 고전을 읽는다면 자신과 인간에 대한 성찰과 지혜로 이어지지 않는다. 논술 시험 때문에, 과제물 때문에, 아니면 남들이 읽으니까, 나도 읽는다는 식이라면 그 책은 죽은 책일 수밖에 없다.

고전을 살아 있는 책으로 만드는 이 '물음!'에 답하기 위해서는 좋은 길잡이가 필요하다. 40년 이상 미국의 고교생과 대학 주니어들이 시험, 에세이 작성, 심층토론 준비를 위해 바이블처럼 애용해온 'CliffsNotes'와 'SPARKNOTES'는 바로 그런 좋은 길잡이의 표본이다. 이 두 시리즈가 원조 논술연구모임인 '일이관지(一以貫之)' 팀의 촌철살인적 해설을 곁들여 〈다락원 명작노트〉로 재탄생해 논술로 고민중인 대한민국 학생 여러분을 찾아간다.

CliffsNotes와 SPARKNOTES의 가장 큰 장점은 방대하고 난해한 고전을 Chapter별로 요약하고 분석해서 원전의 내용에 보다 쉽고 체계적으로 접근하는 신속·간편성이라고 할 수 있다. 여기에 '一以貫之'팀이 원전의 중요한 문제의식, 즉 근원적 '물음'은 무엇이며, 그 '물음'은 오늘날에도 여전히 유효한가, 라는 질문을 다시 던진다.

대입논술로 고민하고, 자칭 타칭의 고전이 넘쳐나는 오늘의 독서풍토에서 지적 정복이 긴박한 대한민국 학생들에게 감히 이 시리즈를 자신 있게 권한다.

一以貫之 논술연구모임 연구실장 이호곤

CliffsNotes와 SPARKNOTES는 방대한 원작을 보다 쉽게 이해할 수 있도록 돕는 안내서입니다. 원작 이해를 돕기 위해 작가와 작품에 대한 배경 지식, 그리고 매 장마다 간단한 '줄거리'와 '풀어보기'가 실려 있습니다. '줄거리'를 통해서는 원작의 내용을 명쾌하게 파악함으로써 독서의 즐거움을 느낄 수 있을 것입니다. '풀어보기'에는 원작에 담긴 문학적 경향, 등장인물의 심리상태, 시대상, 주제 등을 설명해 놓았습니다. 비판적 글읽기의 바탕이 되는 요소들이죠. 비판적 글읽기는 소설과 비소설 작품을 막론하고 책을 읽을 때 꼭 필요한 자질입니다.

그 밖에도 작품을 좀더 심오하게 분석할 수 있도록 '마무리 노트', 'Review' 등을 마련해 놓아 독자 여러분의 글읽기를 돕고 있습니다.

CliffsNotes에는 특히 관심을 갖고 읽어야 할 필수요소를 강조하기 위해 다음 네 가지 아이콘을 사용하고 있습니다.

 작품 속에 내재된 주제를 드러내줍니다.

 등장인물의 속내를 알 수 있도록 도와줍니다.

 배경, 분위기, 열정, 폭력, 풍자, 상징, 비극, 암시, 불가사의 등의 요소를 밝혀줍니다.

 단어와 문구의 미묘한 느낌을 감상할 수 있도록 해줍니다.

* 〈　〉는 장편소설, 중편소설, 논픽션, 시집. "　"는 수필집, 단편소설

❍ 일이관지(一以貫之) 논술노트

권말에는 一以貫之 논술팀에서 작성한 논술 노트가 실려 있습니다. 원작을 우리의 삶과 연계시켜 비판적 사고와 논리적 글쓰기의 방향을 제시합니다.

❍ 실전 연습문제

논술예제와 기출문제를 통해서는 원작을 바탕으로 출제 가능성이 높은 논점을 함께 숙고해 봅니다.

작가
노트

작가의 생애

비천한 출신, 부족한 교육, 그리고 문학 비평가들의 비판에도 불구하고 찰스 디킨스는 대중의 사랑을 받았고, 부와 명예를 쌓았으며, 많은 작품을 남겼다. 그는 생전에 대중적 인기와 금전적 성공을 동시에 누린 몇 안 되는 작가 중 한 사람이다. 성공 욕구는 그의 어린 시절에 뿌리를 두고 있다.

●어린 시절과 인격 형성기

찰스 존 허팸 디킨스 Charles John Huffam Dickens는 1812년 2월 7일, 영국 포츠머스에서 태어났다. 그는 존 디킨스와 엘리자베스 디킨스 사이에서 태어난 여덟 명의 자녀 가운데 둘째였다. 하인의 아들인 존 디킨스는 주인집에서 해군 경리단 사무소에 일자리를 알선해 주어 부모의 전철을 밟지 않을 수 있었다. 존은 비천한 배경을 비밀에 부치고 부유한 선임 서기의 딸 엘리자베스 배로와 결혼함으로써 신분 상승의 길에 들어섰다. 그러나 장인이 횡령 혐의를 받고 국외로 도피하면서 출세 야망은 수포로 돌아갔고, 재정적 뒷받침도 잃었지만 부부의 씀씀이는 줄지 않았다. 이러한 문제는 시간이 흐르면서 그들이 몰락하는 원인이 된다.

찰스 디킨스의 어린 시절, 가족은 아버지의 직업과 소비 습관 때문에 이사를 많이 다녔다. 나중에 디킨스는 채텀에서 살던 5년이 가장 좋았다고 회상했다. 그는 다섯 살 때 이사했던 그곳을 아주 좋아했고, 학교에도 다녔다. 가정생활 역시 안정되고 행복했다.

하지만 열 살 때 아버지의 재정 문제로 인해 가족은 런던으로 옮겨갔다. 집은 비좁았고, 빚쟁이들은 시도 때도 없이 찾아왔다. 디킨스의 부모는 생계의 압박을 받으면서도 계속 파티를 즐겼다. 디킨스는 학교에 가고 싶었지만 생활비를 보태기 위해 열두 살 때 일터로 보내졌다.

디킨스는 일주일에 6일, 하루 12시간씩 쥐가 들끓는 허름한 워렌의 구두약 공장에서 구두약병에 상표를 붙였다. 그는 불결하고 저급한 환경 속에서 자기보다 나이 많고 덩치 큰 노동자들의 놀림과 괴롭힘을 당하며 일해야 하는 처지가 수치스러웠다. 그는 지적으로 좌절하고, (왕립음악학교에서 공부하고 있던) 누나에게 분개했으며, 자기 교육에 무관심한 부모에게 절망했다.

아버지가 채무 불이행으로 체포되자, 어머니와 어린 형제들은 함께 감옥으로 들어갔고, 열두 살짜리 디킨스만 밖에 남아 일을 계속했다. 누나는 여전히 음악학교에 다녔다. 두렵고 외로웠던 디킨스는 가족 면회가 쉬운 감옥 인근의 황폐한 동네에서 살았다. 이 시절은 가난과 감옥생활을 몸소 경험하는 계기가 되었고, 그의 유년기를 특징짓는 심리적 불안정과 정서적 자포자기 상태를 더욱 심화시켰다.

　　몇 달 후, 가족들은 적은 유산 덕분에 감옥을 나올 수 있었다. 디킨스는 마침내 그의 수입이 아쉬웠던 어머니의 반대에도 불구하고 학교에 다니게 되었다. 그러나 학교생활은 길지 않았고, 열다섯 살에 다시 일터로 돌아와야 했다. 그는 구두약 공장에서 보낸 시절의 충격에서 결코 헤어나지 못했으며, 어머니에 대한 배신감과 분노는 평생 지워지지 않았다. "어머니가 나를 (워렌의 구두약 공장에) 다시 보내고 싶어하는 마음이 간절했다는 사실을 나는 결코 잊지 못했고, 앞으로도 잊지 못할 것이고, 잊을 수도 없다."

●교육

　　디킨스는 정규 교육은 얼마 받지 못했다. 읽기는 어릴 때 어머니가 가르쳤고, 소년 시절의 교육은 독학의 성격을 띠었다. 그는 열 살 때, 다니엘 데포의 〈로빈슨 크루소 *Robinson Crusoe*〉, 헨리 필딩의 〈톰 존스 *Tom Jones*〉, 미구엘 세르반테스의 〈돈키호테 *Don Quixote*〉 같은 소설을 탐독했다. 아홉 살 때는 가족을 위한 희곡을 습작해 〈인도의 술탄, 미스나 *Misnar, the Sultan of India*〉라고 불렀다.

　　1821년, 디킨스는 약 1년 동안 채텀에 있는 가일즈 아카데미에 다녔다. 열두 살 때부터 런던의 웰링턴 하우스 아카데미에 다녔으며, 열다섯 살에 다시 일터로 돌아갔다. 따라서 그의 마지막 '교육'은 독학이었다. 열여덟 살 때는 대영박물관

의 독서 티켓을 구입해 장서 독파에 몰입했고, 독학으로 속기
를 익혔다.

●직업

웰링턴 하우스 아카데미를 떠난 후 7년 동안, 디킨스는
다양한 일을 했다. 처음 2년간은 법률사무소 사무원으로, 속
기를 배운 후에는 법률 기자와 의회의 속기 기자로 4년을 근
무했다. 1834년에는 선거, 의회 및 기타 정치적 사건들을 취
재하는 기자로서 모닝 크로니클 지에 몸담았고, 짬을 내 연극
에 관여했으며, 작가로서 글도 쓰기 시작했다. 그의 청년기는
정신없이 펼쳐지는 일과 성취욕이라고 특징지을 수 있다.

●사랑과 가족

디킨스는 열여덟 살 때 부유한 은행가의 딸 마리아 비
드넬을 만났다. 그는 두 살 연상인 그녀에게 홀딱 빠져 이렇게
썼다. "난 이제껏 누구를 사랑해 본 적이 없고, 당신 말고는 숨
쉬고 있는 사람 그 누구도 사랑할 수 없습니다." 그들의 관계
는 얼마간 좋았지만, 파리에서 학업을 마치고 돌아온 마리아
는 그에게 시들해졌다. 이후 그는 수년간 고통스러워했다. 디
킨스는 모두가 꿈도 꾸지 못할 정도로 성공해 자신에 대한 선
입관이 얼마나 잘못되었는지를 보여주겠노라고 결심했다.

1834년, 디킨스는 모닝 크로니클 지의 편집자 조지 호

가스의 장녀 캐서린 호가스를 만났다. 조지 호가스는 디킨스의 작품 〈보즈의 스케치 *Sketches by Boz*〉를 호평했고, 두 사람은 친해졌다. 디킨스와 캐서린은 서로를 사랑하고 아꼈지만 디킨스에게는 비드넬과의 관계에서 보였던 열정은 이미 없었다. 두 사람은 가정을 이루는 데는 관심이 있었지만, 디킨스는 작업 마감일을 맞추려고 데이트 약속을 어겼고, 그녀가 불평하면 꾸짖는 편지를 보냈다. 그들은 1835년 약혼하고, 1836년에 결혼했다.

시간이 지나면서 두 사람이 잘 맞지 않는다는 것이 분명해졌다. 캐서린은 외향적이거나 사교적이지 못해서 남편이 참석하는 외부 행사를 기피했다. 결혼 직후 그들은 캐서린의 동생 메리와 같이 살게 되었다. 디킨스는 메리에게 큰 애착을 보였는데, 그녀는 17세 때 갑자기 세상을 떠나고 말았다. 그는 아내가 질투할 정도로 메리의 죽음에서 헤어나지 못했다. 이후 메리는 그의 작품에 작중 인물로 자주 등장하게 된다.

얼마 후, 그는 또 다른 열일곱 살 처녀와 사랑에 빠진다. 중년에 접어들면서 결혼생활에 권태감을 느끼던 디킨스는 자신의 희곡 작품에 출연한 여배우 엘런 터낸을 만난 것이다. 그녀는 아내에게 없는 것을 모두 갖고 있었다. 아름답고, 젊고, 날씬했다. 마흔세 살에 열 차례 임신으로 뚱뚱해진 캐서린은 상대가 되지 않았다. 오래지 않아 결혼은 파경을 맞았고, 캐서린은 집을 나갔다. 디킨스는 자녀들과 함께 살며, 터낸과의 밀

회를 계속했다. 캐서린은 디킨스가 죽은 지 9년 후인 1879년
에 세상을 떠났다.

작품 활동

디킨스는 초기에 단편이나 '소품'을 썼다. 일부는 소
설이었고, 일부는 뉴게이트 감옥이나 런던의 쇼핑가 같은 명
소에 대한 묘사였다. 이들 중 "포플러 산책로에서의 만찬 A
Dinner at Poplar Walk"(1833)이 먼슬리 매거진에 발표되었다.
비록 그의 첫 글에 대한 원고료나 찬사는 없었지만 젊은 디킨
스에게는 흥분되는 순간이었다. 잡지측은 더 많은 글을 요청
했고, 그는 필명으로 보즈를 쓰기 시작했다. 1836년에는 〈보
즈의 스케치〉에 60개 단편을 발표했다. 이 선집은 호평을 받
았고, 판매도 좋았다. 먼슬리 매거진측은 이어서 20회 연재물
로 출간할 유머 소설을 써달라고 청했다. 그리하여 디킨스의
소설 〈피크위크 페이퍼스 *Pickwick Papers*〉가 탄생하게 되었다.

〈피크위크 페이퍼스〉가 네 번째 연재될 무렵, 사회 각
층에서 그를 좋아했다. 이러한 갈채는 그의 열정에 불을 붙였
다. 그는 〈피크위크 페이퍼스〉을 집필하는 한편, 〈올리버 트위
스트 *Oliver Twist*〉를 쓰기 시작했다. 이 작품은 제도권과 길거
리 고아들의 착취 문제를 사회적으로 비판한 작품이다. 그는
창작의 고삐가 늦춰질세라, 〈올리버 트위스트〉가 절반쯤 완성

되었을 때 〈니콜라스 니클비 *Nicholas Nickleby*〉 집필에 착수했다. 이 작품은 그의 첫 소설이 지닌 유머와 두 번째 작품의 비판적 측면을 통합해 사립기숙학교의 부패를 다뤘다.

다음 소설인 〈오래된 골동품점 *The Old Curiosity Shop*〉에는 꼬마 넬이 등장한다. 이 인물을 설정하는 데는 처제 메리의 죽음이 바탕이 된 듯하다. 독자들은 특히 넬이 병에 걸리자 그녀가 죽기 않기를 간절히 바라면서 출판사에 그녀를 살려달라고 간청했다. 다음 작품 〈바나비 러지 *Barnaby Rudge*〉는 프랑스 혁명 당시의 영국을 무대로 한 역사소설이다.

1842년 디킨스 부부는 미국을 여행했다. 그는 자신의 명성이 부담스러울 정도로 열혈 독자들에게 실망했다. 특히 노예제에 관한 일부 미국인들의 태도와 허영심으로 인해 심란했고, 미국에 저작권 보호 대책이 없어 좌절했다. 그의 작품 상당수가 그에게 아무런 보상 없이 출간되고 있었던 것이다. 귀국한 디킨스는 〈아메리칸 노트 *American Notes*〉를 집필했다. 미국에 대한 디킨스의 감정은 정중했지만, 그럼에도 단호했다. 예상대로 미국 비평가들은 적대적이었다.

다음 작품들은 5편의 크리스마스 이야기 시리즈인데, "크리스마스 캐롤 A Christmas Carol"이 가장 성공적이었다. 뒤를 이어 미국과 미국인들의 태도를 더욱 노골적으로 공격한 〈마틴 추즐위트 *Martin Chuzzlewit*〉가 출간되었다. 디킨스는 데일리 뉴스라는 신문을 창간·편집하고, 다수의 아마추어 연극 무대에 섰다. 이와 동시에 여러 여성과 많은 염문을 뿌리면서 결혼생활은 붕괴되고 있었다. 집중력 저하와 수면부족으로 일곱 번째 소설 〈돔비와 아들 *Dombey and Son*〉에는 많은 시간과 노력이 소요되었다. 〈돔비와 아들〉은 디킨스 '최초의 성숙한 걸작'으로 꼽히기도 한다.

이 기간은 여러 가지 고통스러운 개인사가 점철된다. 큰누나 패니의 죽음(1848), 딸 도라 애니의 출산 후 캐서린의 신경쇠약(1850), 도라와 부친의 죽음(1851) 등등. 그러나 그의 작품 활동은 〈데이비드 코퍼필드 *David Copperfield*〉로 커다란 전환점에 이르렀다. 현대 비평가 로렌스 카펠은 이러한 성과를 다음과 같이 피력했다.

"최초로 디킨스는 문제로 가득 찬 경험 세계의 한복판에서 디킨스 자신처럼 예술적 상상력을 이용해 살아남을 수 있는 주인공을 그려냈다. 이 자전적 소설은, 디킨스의 이전 주인공들처럼 세상의 변두리에 있는 안전한 장소로 후퇴함으로써 그저 살아남는 데 그치지 않고 세상에 정면으로 대처하는 예술가의 능력에 대한 찬사였다."

이후 몇 년에 걸쳐 〈황폐한 집 *Bleak House*〉, 〈고된 시기 *Hard Times*〉, 〈꼬마 도릿 *Little Dorrit*〉이 출간되었다. 이 소설들은 대부분 사회 비판에 초점을 맞췄는데, 이전 작품들보다 더 암울했다. 〈황폐한 집〉의 비판 대상은 법률 제도였으며 (최초의 영어 탐정소설이었을지도 모른다.), 〈고된 시기〉는 정부를 공격했고, 〈꼬마 도릿〉은 사회 계급구조의 문제점들을 겨냥했다. 이 기간에는 또 더욱 많은 연극 작품에 관여하고, 주간지 하우스홀드 워즈를 시작했으며, 대중 앞에서 자기 작품들을 낭독했다.

1859년 하우스홀드 워즈를 발간한 출판사와 분쟁이 일어나자 그는 올 더 이어 라운드를 창간했다. 창간호에는 차기작 〈두 도시 이야기 *A Tale of Two Cities*〉 첫 회분이 실렸다. 〈바나비 러지〉처럼 격동의 1770년대와 1780년대 프랑스를 무대로 한 역사소설이었다. 이 작품은 독자들에게는 인기가 있었지만 비평가들의 찬사는 별로 받지 못했다. 잡지의 발행부수와 수입을 늘리려고 안간힘을 쓰던 디킨스는 〈막대한 유산 *Great Expectations*〉의 성공에 힘입어 재정적으로 회생했다.

이 시기에 디킨스는 자신의 편지와 자료들을 대부분 소각했다. 자신의 삶이 자기 소설보다 더 흥미의 대상이 되는 것을 원치 않았기 때문이다. 그 결과 그의 작품에 대한 해석은 문학 비평가와 독자들 몫으로 남겨졌다.

〈막대한 유산〉 이후, 그는 마지막 완성작인 〈우리들의 맹우 *Our Mutual Friend*〉를 집필하기 시작했다. 이 작품은 현대 산업사회의 황무지를 상징하는 런던의 쓰레기장과 오염된 강, 그리고 부패 사회에 대한 비판을 담고 있다. 디킨스는 국내외 여행뿐 아니라 빡빡한 대중 낭독 일정으로 몸을 혹사했다. 따라서 1865년부터 사망할 때까지는 심장마비와 일련의 경미

한 뇌졸중을 포함, 크고 작은 건강상의 문제를 여러 차례 겪었다. 1869년 시작했던 〈에드윈 드루드의 미스터리 *The Mystery of Edwin Drood*〉는 완성되지 못했다. 1870년 6월 8일, 저녁식사 후 쓰러진 그는 다음날 세상을 떠났다.

작품 노트

작품의 개요

디킨스의 문체에 관한 문학적 논란에도 불구하고, 대부분의 비평가들은 〈막대한 유산〉이 그의 최고작이라는 데 동의한다. 이 이야기는 1800년대 초가 무대지만 빅토리아 시대[*]인 1860년에 집필되었다. 당시에 강조되던 덕목은 고결성, 덕망, 공공을 위한 의무감, 화목한 가정 유지 등이었다.

이 소설이 펼쳐지는 시기는 변화의 시대였다. 영국은 전 세계로 뻗어나가며 부유한 강국이 되고 있었다. 경제는 농업에서 산업과 무역으로 옮겨가는 중이었다. 기술이 발달하면서 종교와 충돌이 빚어졌고, 사회적 문제도 늘어갔다. 기계로 인해 공장 생산성은 증대되었지만 처리되지 않은 오수가 런던 거리로 흘러들었다. 템스 강 둑을 따라 빈민촌이 줄지어 들어서고, 생활환경은 끔찍했다. 다섯 살밖에 안 된 어린이들이 말도 안 되는 적은 임금에 하루 12, 13시간씩 일하도록 일터로 내몰리고 있었다.

세계가 점차 민주적이 되는 동안 문학 역시 그랬다. 그 이전의 낭만주의 문학 ─ 상류층의 영예에 초점을 맞춘 문학 ─ 과 달리 빅토리아 시대의 문학은 대중에 관심을 두었다.

---

[*] **빅토리아 시대**: 1837년 빅토리아 여왕의 대관식부터 1901년 여왕이 승하할 때까지의 시기. 영국 역사상 경제적·군사적으로 가장 번성했다.

사람들은 자기에게 중요한 인물, 관계, 그리고 사회적 관심사를 원했으며, 그러한 것을 요구할 경제력을 가지고 있었다. 소설들은 잡지에 연재 형식으로 게재되었으며―10회나 20회의 주간 또는 월간 분량―독자들이 특정 스토리를 좋아하지 않을 경우 발행부수가 떨어지면서 잡지는 손해를 보았다. 따라서 잡지들은 독자들이 계속 마음 졸이며 관심을 갖고, 다음 호를 사게 하려고 안간힘을 썼다. 디킨스는 1860년 12월부터 1861년 8월까지 주간 연재물에 〈막대한 유산〉을 발표했다.

디킨스는 소설가 친구의 조언에 따라 독자들을 즐겁게 하려고 이야기의 결말을 슬픔에서 기쁨으로 바꿨다. 그 이래 달라진 끝부분은 독자와 문학 비평가들에게는 논쟁거리가 되어 왔다. 특히 결말 부분만 아니면 디킨스 작품 중 가장 완벽하다고 생각했던 조지 버나드 쇼**는 해피엔딩을 '모욕'이라고 느꼈다. 논쟁은 차치하고, 〈막대한 유산〉은 해피엔딩에 힘입어 디킨스와 잡지에 대성공을 안겨주었다.

1861년 7월, 〈막대한 유산〉은 소설의 주인공 핍의 성장 단계에 맞춰 3권의 단행본으로 출간되었다가 1862년 11월에 한 권으로 발행되었다.

이 소설은 1인칭으로 쓰였는데, 나이 든 핍이 자신의 인

** **조지 버나드 쇼**(George Bernard Shaw. 1856-1950): 아일랜드의 극작가 겸 작가. 1925년 노벨문학상 수상.

생 이야기를 해나가면서 논평을 하는 형식이다. 따라서 대부분의 사람들이 이 작품을 회고적인 이야기로 생각하지만, 내레이터의 목소리가 마치 젊은 핍이 이야기하는 것 같아 종종 혼란스러워진다. 존 루카스는 저서 〈우울한 남자: 디킨스 소설의 연구 *The Melancholy Man: A Study of Dickens' Novels*〉에서 이렇게 말한다. "〈막대한 유산〉에는 두 가지 견해가 있다. 하나는 소설 내내 살아 있는 핍의 견해이고, 다른 하나는 내레이터 핍의 견해다. 후자의 견해가 이전의 자신을 평하고, 고치고, 판단한다. 핍이 하나이건 둘이건 1인칭 화법은 효과적이다. 핍이 독자와 마주 앉아 커피를 마시면서 마음에서 우러나오는 말을 하는 것처럼 내밀하고 고백적인 성격을 갖기 때문이다.

　　장소는 런던이거나 템스 강과 메드웨이 강의 합류지점 부근 켄트 주변의 습지다. 여기는 디킨스가 잘 아는 곳들이다. 디킨스는 행복한 어린 시절을 동부 해안의 채텀에서 보냈다. 인근에는 습지, 감옥선, 그리고 죄수들이 있었다. 또한 수년간 런던에 살았던 그는 뒷골목, 시장, 뉴게이트 감옥 같은 장소들을 알고 있었다.

　　지리적 배경에 대한 감각은 이 소설의 강점 가운데 하나다. 디킨스는 지역과 장소의 형상을 강렬하게 묘사한다. 조지 오웰은 "시각적 영상을 이끌어내는 그의 능력에 필적할 만한 사람은 아마 없을 것이다. 디킨스가 일단 뭔가를 묘사하면 우리는 평생 그것을 보게 된다"고 말했다.

이 소설은 연극과 유사한 3부작 구조로 되어 있다. 이는 디킨스가 수년간 극장에 관여하면서 희곡을 쓰고, 제작하고, 연기했다는 점을 고려하면 수긍이 간다. 이야기의 첫째 부분은 핍이 묘지에서 죄수를 만난 때부터 그의 유산을 받기까지 핍의 유년기를 다룬다. 두 번째 부분은 핍이 신사가 되어 런던에서 사치스럽게 살게 되는 청년기를 그린다. 그리고 마지막 세 번째 부분은 매그위치의 탈출을 도우려 할 때부터 이집트에서 돌아올 때까지 성인기의 핍을 만난다. 이 소설의 세 부분은 시간적·공간적인 함축뿐만 아니라 도덕적 함축도 내포하고 있다. 핍의 유년기는 에덴동산에서 사는 순진무구함과 선량함의 시기로 간주된다. 청년기는 그가 죄를 지으면서 타락하고, 따라서 그 고통의 종식을 추구해야만 하며, 성인기는 그가 용서와 내적 평화를 얻는 구원의 시간으로 보인다.

작품 줄거리는 복잡하고 억지스러운 데가 있으며 놀라움과 복잡성으로 가득 차 있다.(매주 잡지 구독자들의 흥미를 자극해야 할 필요성 때문이다.) 일부 비평가들은 엄청난 수의 등장인물들이 피상적이고, 통제 불능이며, 결과적으로 인물 묘사가 충실하지 못하다는 점을 지적했지만, 토머스 코놀리 같은 비평가는 등장인물을 만들어내는 디킨스의 재주가 정점에 도달했다고 말하기도 한다.

기타 눈여겨보아야 할 요소는 유머와 풍자, 반어법, 긴장 조성을 위한 반복, 그리고 감정을 전달하기 위한 사물의 활용이다.

　이 소설이 지닌 '의미'에 관해서는 다양한 해석이 있지만 대부분의 비평가들은 주제를 크게 3가지로 나눈다. 도덕적·심리적·사회적 주제가 그것이다.

　도덕적 주제에는 선과 악, 죄, 사람을 돕거나 타락시키는 부(富), 개인적 책임, 그리고 스스로 택한 결과에 대한 인식과 수용이 있다. 핍의 개인적·도덕적 성장을 통해 탐구되는 심리적 주제에는 자포자기, 죄의식, 수치심, 욕망, 내밀성, 감사, 야망, 그리고 강박관념/감정적 속임수 대 진정한 사랑이 포함된다. 사회적 주제에는 계급 구조와 사회 규범, 속물근성, 어린이 착취, 교육 및 법률 체제의 부패와 문제점들, 교도소 개혁의 필요성, 종교적 태도, 증가하는 교역과 산업화가 일상생활에 미치는 영향, 그리고 빅토리아 시대의 근로 윤리(혹은 그러한 윤리의 부재) 등이 들어 있다. 일과 관련해서는 이야기가 사람들이 '한가한 때' 일어난다는 것이 흥미롭다. 특히 이야기에 등장하는 신사들이 일하는 모습을 보인 적은 좀처럼 없다. 허버트는 핍과 함께 이런저런 조치를 취하기 위해 많은 시간을 내도 괜찮은 모양이다. 조지 오웰은 이것을 디킨스의 빅토리아 시대 인생관 때문이라고 본다. 디킨스는, 신사라면 돈을 많이 벌기 위해 노력해야 하고, 그러고 나면 담쟁이로 뒤덮인 집에서 하인들과 자녀들에 둘러싸여 살아야 한다고 생각한다. 벽난로 주변에 둘러앉아 친구들과 담소하고, 식사하고, 자녀를 더 많이 낳는 활동을 빼고, 바라는 것이 있다면 그건 완전한 게으름이다. 문화적 추세는 제쳐두고라도, 유년기에 겪었던 격동, 자포자기, 불안정 때문에 디킨스가 난로와 가정이라는 주제를 절실하게 생각하는 것은 분명하다.

〈막대한 유산〉은 자전적 성격을 띠고 있다. 이 작품을 쓰기 전에 디킨스는 또 하나의 자전적 소설 〈데이비드 코퍼필드〉를 다시 읽었다. 새로운 소설과의 중복을 피하기 위해서이기도 했지만, 마흔여덟 나이에 인생을 되돌아본 것이었다. 〈데이비드 코퍼필드〉에서 디킨스는 미천한 출신에 대한 자기연민과 공장 노동자에서 부와 명성을 지닌 인물로 도약한 자부심에 초점을 맞췄다. 반면, 〈막대한 유산〉은 인생을 더욱 성숙하게 분석한다. 작품의 주인공 핍과 디킨스는 겸허한 자기분석을 통해 부가 곧 행복은 아니라는 지혜를 갖게 된다.

그러나 디킨스와 핍 사이에는 차이점도 있다. 핍은 결코 부를 얻지 못한 반면, 디킨스는 부를 얻는다. 핍은 너무 열심히 일하는 것을 혐오한 반면, 디킨스는 평생을 강도 높게 일했다. 디킨스는 일을 사랑했고, 집필과 연극 일을 정열적으로 했다. 핍은 허버트네 농장 일을 설명할 때 아주 무덤덤하며—그곳은 그의 생활 수단이다—에스텔라 외에는 어느 것에도 열정을 보이지 않는다. 심지어는 그녀에 대한 감정조차 억제되기도 하는데, 이것은 디킨스의 감정과 삶에 대한 열정과는 정반대되는 구석이다.

줄거리

제1부

    핍은 사나운 누나와 마을 대장장이인 매형 조 가저리와 함께 켄트 습지에서 살고 있는 아이다. 그가 부모의 무덤 근처 교회 마당에서 어슬렁거리고 있는데 탈옥수 한 사람이 다가온다. 그 죄수는 핍에게 겁을 줘 다리의 족쇄를 자를 쇠줄과 먹을 것을 훔쳐오라고 한다. 다음날 죄수가 원하는 것들을 가져온 핍은 또 다른 탈옥수와 마주친다. 그는 먼저 번 죄수의 원수다. 이내 두 죄수는 서로 싸우다가 다시 붙잡힌다.

    핍의 거만한 삼촌 펌블축은 핍을 부유한 은둔녀 해비샴의 집에 가서 그녀의 양녀 에스텔라와 놀도록 주선한다. 그곳은 이상한 악몽의 세계다. 해비샴의 약혼자는 결혼식 날 그녀를 버렸고, 그녀는 이제 나이가 들어 휠체어에 의지하는 몸인데도 옛 결혼식 드레스를 입고 있다. 그 집은 결혼식 때의 모습 그대로이고, 옛 웨딩 케이크도 여전히 식탁에 놓여 있다. 아름답지만 거만한 에스텔라는 핍에게 조잡하고 상스럽다고 말한다. 에스텔라와 해비샴의 홀대에도 아랑곳없이 핍은 에스텔라에게 마음을 빼앗긴다. 핍은 괴롭고 치사했지만, 몇 달 동안 그 집에 드나들며 에스텔라와 놀고, 해비샴 여사의 휠체어를 밀어준다. 거기서 핍은 여사의 돈을 탐내어 찾아온 비굴한 친척들을 만난다. 그들은 핍을 몹시 싫어한다. 핍이 친척 중 한 사람인 허버트 포켓(별명은 창백한 젊은 신사)과 싸움이 붙어 그를 패주자 에스텔라가 핍에게 입맞춤을 허락한다. 핍은 에스텔라의 환심을 사려고 친구 비디와 야학에서 더욱 열심히 공부에 매달린다. 그 야학은 비디의 할머니가 운영한다.

몇 달 후, 해비샴 여사는 핍이 조의 대장장이 견습공이 되도록 돈을 댄다. 핍은 수년간 그 일을 고대했었지만 '상류층'의 삶을 맛본 지금은 대장간을 사형선고로 여긴다. 하지만 조에게는 내색하지 않고 일을 해나간다. 그 즈음 그는 동네 선술집 졸리 바지멘에서 수상한 사내와 맞닥뜨린다. 그 사내는 몇 년 전 핍이 죄수에게 주려고 훔쳤던 줄을 갖고 있다. 사내는 핍에게 1파운드짜리 지폐 두 장을 건넨다. 생일날 핍은 휴가를 얻어 해비샴 여사의 집을 방문하려 한다. 그의 조퇴를 둘러싸고 조의 조수 올릭과 누나 사이에 말다툼이 생기고 조와 올릭의 주먹다짐으로 번진다. 올릭은 핍에게 화가 치밀고, 핍의 앙칼진 누나가 증오스럽다. 귀가하던 핍은 누나가 다쳤다는 소식을 듣고 집으로 달려가고, 거의 죽기 일보 직전에 정신마저 오락가락하는 누나를 발견한다. 누나를 돌보며 함께 살기 위해 비디가 온다. 핍은 비디가 에스텔라처럼 교양이 있거나 세련되지 않았지만 마음이 끌린다.

어느 날 저녁, 런던에서 힘깨나 쓰는 변호사 재거스 씨가 핍과 조를 찾아와 핍이 '막대한 유산'을 물려받았다고 알려준다. 기쁨에 휩싸인 핍은 이 횡재가 자신을 에스텔라와 맺어 주고 싶어하는 해비샴 여사 덕분일 거라고 추측한다. 새 옷을 한 벌 사 입은 그는 양복점 주인 트랩 씨와 펌블축 삼촌의 달라진 대접에 놀라워하고, 무례한 트랩 양복점 사환을 혼내주면서 돈이 세상을 어떻게 바꿔놓는지 깨닫는다. 핍은 비디와 대화를 나누다가 조를 '향상시키는' 일을 해달라고 부탁한다. 비디가 그럴 필요 없다고 하자 핍은 질투하지 말라며 나무란다. 주말이 되자 핍은 신사가 되기 위해 런던으로 간다.

제2부

런던에서 핍은 재거스와 그의 서기 웨믹 씨를 만난다. 웨믹은 핍을 허버트 포켓의 아파트로 데리고 간다. 허버트 포켓을 만나고 보니 해비샴 여사의 집에서 싸웠던 바로 그 창백한 젊은 신사다. 핍은 허버트의 부친 매슈 포켓 씨에게 신사가 되는 법을 배울 예정이다. 핍과 허버트는 좋은 친구 사이가 된다. 허버트는 핍에게 헨델이란 별명을 붙여준다. 핍은 허버트와 어울려 시간을 보내기도 하고, 포켓 가족과 함께 지내기도 한다. 포켓 가족의 집에는 스타톱과 벤틀리 드러믈이란 다른 '신사 학생들'도 살고 있다. 특히 드러믈은 나중에 에스텔라와 사귀면서 핍과의 사이가 껄끄러워진다.

핍은 조가 해비샴 여사의 전갈을 갖고 찾아오자 당황하며 어서 떠나주기만 바란다. 핍은 해비샴 여사를 만나러 고향으로 올 때 조의 대장간은 피해서 간다. 해비샴 여사는 핍에게 에스텔라가 부유한 사교계 여성과 생활하기 위해 런던에 갈 예정이니 날짜가 정해지면 와서 데려가라고 말한다. 핍은 해비샴 여사가 에스텔라와 자기를 맺어줄 것이라고 확신한다. 런던에서 핍은 에스텔라를 찾아가고, 허버트와 돈을 물쓰듯하며 돌아다니고, 핀치즈(방울새)라는 쓸모없는 부자들 무리와 어울린다. 그리고 재거스의 서기 웨믹과도 사귀는데, 이 딱딱한 법률사무소 서기가 가정에서는 따뜻한 심성을 지닌 딴 사람이 된다는 것을 알아차리고 놀란다. 핍은 또한 빚 때문에 허버트가 어려움을 겪고 있다는 것을 알고 웨믹의 도움을 받아 허버트가 클래리커라는 상인과 사업을 시작하도록 은밀히 주선한다.

그 즈음 핍의 누나가 세상을 떠난다. 누나의 장례식을 치르기 위해 돌아온 핍은 조와 비디를 나 몰라라 한 것에 대해 후회한다. 그는 더욱 자주 찾아오마고 약속하고, 비디가 그 말을 믿지 않는 낌새를 보이자 화를 낸다.

런던에 돌아온 후 비바람 몰아치는 어느 날 저녁, 남루한 차림의 낯선 사람이 찾아오면서 핍의 세계는 극적으로 변한다. 알고 보니 수년 전 습지에서 만났던 바로 그 죄수다. 이름이 매그위치인 그는 사형 선고를 받고 호주로 보내졌으며 다시는 영국으로 돌아올 수 없는 처지였다. 그 죄수는 호주에서 큰돈을 벌었고, 핍에게 막대한 유산을 물려준 사람이 바로 자신임을 밝히기 위해 죽음을 무릅쓰고 돌아온 것이었다. 핍은 너무나 역겹고 실망스러웠다. 매그위치는 '신사'를 만나는 기쁨에 도취된 나머지 핍의 속내를 알아차리지 못한다. 핍은 비로소 해비샴 여사가 자기와 에스텔라를 맺어주려 한 것이 아니며, 죄수에게서 나오는 돈으로는 결코 에스텔라를 차지할 수 없다는 생각을 하게 된다. 그리고 죄수의 돈 때문에 조를 버렸다는 것도 깨닫는다.

제3부

매그위치는 수년 전에 받은 도움에 대한 감사 표시로 모든 유산을 핍에게 주기 위해 왔노라고 설명한다. 그는 핍에게 컴페이슨이란 다른 죄수에 대해 이야기한다. 핍은 나중에 허버트로부터 컴페이슨이 해비샴 여사를 저버린 인물이란 말을 듣게 된다. 핍은 매그위치의 돈을 더 이상 받지 않겠다고 결심하지만 그 사내가 처한 위험에 책임감을 느끼고 그를 나라 밖으로 안전하게 탈출시킬 방법을 모색한다.

핍은 벤틀리 드러믈과 에스텔라가 결혼한다는 소식을 듣고 낙담한다. 핍은 그녀와 해비샴 여사를 만나 결혼을 만류한다. 그는 그녀에게 헤아릴 수 없는 깊은 사랑을 고백하고 드러믈만 아니라면 누구와 결혼해도 좋다고 말한다. 그 와중에 에스텔라와 해비샴 여사는 언쟁을 벌이고, 에스텔라는 해비샴 여사도 사랑할 수 없다고 말한다. 해비샴 여사에게서 사랑하

는 법을 배우지 않았기 때문에 사랑할 수 없다는 것이다. 해비
샴 여사는 자신이 준 상처의 심각성을 깨닫고 상심한다.

런던으로 돌아온 핍은 웨믹으로부터 컴페이슨이 그를
감시하고 있다는 말을 듣는다. 허버트와 핍은 매그위치를 숨
기고 탈출 계획을 짠다. 핍은 매그위치에 관한 정보를 가진 사
람이 습지에 있으니 그곳으로 오라는 익명의 쪽지를 받는다.
집으로 돌아온 그는 습지로 가기 전에 해비샴 여사를 찾아간다.
그녀는 핍에게 용서를 구하고, 허버트 포켓의 새 사업에 자금
을 보태달라는 핍의 요청을 받아들인다. 집을 나서던 핍이 다
시 돌아와 보니 해비샴 여사의 드레스가 불에 타고 있다. 그가
급히 그녀를 구하지만 화상이 심각하다. 핍도 두 손에 화상을
입는다. 습지로 갔던 핍은 올릭에게 붙잡힌다. 올릭은 그를 죽
일 심산이다. 핍이 떨어뜨린 쪽지를 보고 핍의 뒤를 쫓은 허버
트와 스타톱, 트랩의 사환이 올릭과 몸싸움을 하는 그를 구한
다. 트랩의 양복점 사환이 그들을 습지로 인도했던 것이다.

그들은 런던으로 돌아와 매그위치와 함께 탈출 계획을
실행에 옮기지만 컴페이슨이 밀고해 체포된다. 컴페이슨과 매
그위치는 몸싸움을 벌이다가 강물로 떨어지고 컴페이슨은 익
사한다. 심하게 다친 매그위치는 수감되고 사형 선고를 받는
다. 핍은 매그위치가 에스텔라의 아버지라는 사실을 알게 된다.
핍은 매그위치가 옥사할 때까지 그를 면회하고 돌본다. 그 후,
핍은 웨믹의 결혼식에 참석한다. 긴장이 풀린 핍은 심하게 앓

는다. 핍은 조의 보살핌으로 건강을 되찾는다. 조는, 핍이 포켓 씨에 대해 말을 잘해 준 덕분으로 해비샴 여사가 포켓 씨에게 4천 파운드의 유산을 남기고 세상을 떠났다고 말한다. 조는 핍의 빚을 갚아주고, 대장간으로 돌아간다. 핍은 조의 도움에 보답하기 위해 집으로 간다. 조와 비디가 결혼한다. 얼마 후 집을 떠난 핍은 허버트의 사업을 도우면서 11년간 카이로에서 생활한다. 카이로에서 돌아온 그는 조의 가족을 방문한다. 해비샴 여사의 저택인 새티스 하우스에서 에스텔라도 만난다. 그녀는 드러믈과 불행한 결혼 생활을 했고, 지금은 홀몸이 되었다. 둘은 친구가 되기로 하고 헤어진다.

등장인물

핍(필립, 피립, 헨델) *Pip(Philip, Pirrip, Handel)* 어렸을 때 도와주었던 탈옥수로부터 막대한 재산을 물려받아 부자가 된다. 그 부를 위해 진정한 친구들을 저버리고, 오만함으로 인해 천박해진 자기 이야기를 들려주는 내레이터. 이야기 끝부분에 가서 부가 곧 행복을 가져오지는 않는다는 점을 깨닫는다.

조 가저리 *Joe Gargery* 핍의 매형이자, 대다수 등장인물들의 도덕적 기준이 되는 마음씨 착하고 성실한 대장장이. 핍의 속물근성에도 불구하고, 변함없는 애정을 보여주며 핍이 어려울 때는 늘 곁에서 돕는다.

조 가저리 부인(조지아나 마리아) *Mrs. Joe Gargery(Georgiana M'ria)* 핍의 누나. 특히 핍을 '손수 키웠다'면서 끊임없이 공치사를 한다. 그녀는 올릭에게 폭행을 당하고 얼마 후 사망한다.

비디 *Biddy* 핍의 야간학교 동창. 폭행당한 핍의 누나를 보살펴주며, 나중에 조와 결혼한다. 핍과는 막역한 관계이고, 그의 마음을 잘 이해한다.

펌블축 삼촌 *Uncle Pumblechook* 핍이 해비샴 여사의 집을 방문하도록 주선하며, 핍의 행운이 자기 덕분이라고 거들먹거리는 인물.

돌지 올릭 *Dolge Orlick* 대장간 일을 거드는 조의 조수. 조의 아내를 폭행하고, 나중에는 핍을 죽이려고 한다.

웝슬(월든가버) 씨 *Mr. Wopsle(Mr. Waldengarver)* 교회의 서기. 성직자가 되려고 했다가 단념하고 배우가 되기 위해 런던으로 간다.

트랩 씨 *Mr. Trabb* 동네 양복점의 재단사이자 장의사.

트랩 씨의 사환 *Mr. Trabb's Boy* 트랩 씨의 조수. 핍의 새로운 삶을 비웃지만 나중에 올릭으로부터 핍을 구하는 데 일조한다.

허블 씨 부부 *Mr. and Mrs. Hubble* 가저리 부부의 친구. 허블 씨는 마을에서 마차 바퀴를 만들고 수리한다.

웝슬 씨의 대고모 *Mr. Wopsle's Great-Aunt* 마을 어린이들을 위해 야간학교를 열고 수업 내내 잠을 자는 노인. 비디의 할머니.

스콰이어스 *Squires* 마을 여인숙 블루 보어의 주인.

필립 피립, 이 교구의 고인 *Philip Pirrip, late of this parish* 핍의 부친 묘에 새겨진 비문. 핍은 아버지를 이렇게 부른다.

조지아나, 상기인의 아내 *Georgiana, wife of the above* 핍의 모친 묘에 새겨진 비문. 핍은 어머니를 이렇게 부른다.

알렉산더, 바솔로뮤, 에이브러햄, 토비아스, 로저 *Alexander, Bartholomew, Abraham, Tobias, Roger* 핍의 부모 묘비 옆에 있는 다섯 개의 작은 묘석들 위에 새겨진 이름들. 핍의 죽은 형제들.

해비샴 여사 *Miss Havisham* 결혼식 날 약혼자에게 버림받고 은둔 생활을 한다. 모든 남성들에게 복수를 하려고 에스텔라를 기른다. 핍은 해비샴 여사를 자신의 피상속인이라고 추측한다.

에스텔라 *Estella* 핍을 조롱하고 매혹시키는 해비샴 여사의 양녀. 자기가 범죄자인 몰리와 매그위치의 딸이라는 사실을 모른다. 모든 남자를 모질게 대하도록 교육받지만 고된 결혼 생활 끝에 인정 많은 사람이 된다.

카밀라 부인, 레이몬드 씨(사촌 레이몬드, 카밀라 씨), 새러 포켓, 조지아나 포켓 *Mrs. Camilla, Mr. Raymond(Cousin Raymond, Mr. Camilla), Sarah Pocket, Georgiana Pocket* 해비샴 여사의 친척들. 그녀를 돌봐주는 척하지만 상속을 받기 위한 행동일 뿐이다. 핍을 위협적인 존재로 여기고 몹시 싫어한다.

재거스 씨 *Mr. Jaggers* 크게 성공한 런던의 법정 변호사. 모두가 두려워하고, 좋아하지 않는다. 핍에게 맨 먼저 유산에 대해 알려주며 후견인 노릇을 한다. 매그위치의 법정 변호사였고, 해비샴 여사의 개인 변호사다.

존 웨믹 *John Wemmick* 재거스의 사무장. 사무실에서는 무뚝뚝하지만 가정에서는 자상하고 온화하다. 핍과 친해진다.

몰리 *Molly* 언뜻 보기에는 온순하고 고분고분한 재거스의 하녀. 손힘이 세고, 성격이 거칠다는 말이 있으며, 과거에는 악명이 높았다. 에스텔라의 어머니인데, 핍 외에 이 사실을 알고 있는 사람은 재거스와 웨믹뿐이다.

노친네 *Aged Parent* 웨믹의 귀먹은 아버지. 매우 쾌활한 인물.

스키핀스 양 *Miss Skiffins* 존 웨믹의 여자 친구. 나중에 그의 아내가 된다.

스키핀스 씨 *Mr. Skiffins* 스키핀스 양의 남동생. 허버트에게 사업체를 차려주는 핍을 돕는다.

허버트 포켓(창백한 젊은 신사) *Herbert Pocket(Pale Young Gentleman)* 핍이 해비샴 여사의 집에서 주먹다짐을 할 때 처음 만나는 상대. 나중에 런던에서 함께 살며 친구가 된다. 핍에게 친절하고, 겸손하며 성실하다.

클라라 발리 *Clara Barley* 허버트의 약혼자. 부친이 세상을 떠나자 허버트와 결혼한다.

빌 발리 *Bill Barley* 클라라의 아버지. 알코올 중독에, 난폭하고 누워만 지내는 인물. 과거에는 배의 사무장이었다.

윔플 부인 *Mrs. Whimple* 발리 부부가 사는 집의 나이 지긋하고 친절한 여주인. 매그위치는 가명으로 이 집에 은거한다.

스타톱 *Startop* 포켓 씨의 개인지도를 받는 젊은 신사. 나중에 핍의 구출을 돕고, 매그위치를 탈출시키려고 할 때도 도움을 준다.

벤틀리 드러믈 *Bentley Drummle* 포켓 씨의 지도를 받는 호전적인 신사. 나중에 에스텔라와 결혼한 후 그녀를 학대한다. 말에서 떨어져 죽는다.

매슈 포켓 *Matthew Pocket* 허버트의 아버지이자 핍의 가정교사. 지적이지만 아내와 집안일에는 무능하다. 해비샴 여사의 친척이지만 그녀의 재산에는 관심이 없다.

포켓 부인(벨린다) *Mrs. Pocket(Belinda)* 허버트의 어머니. 자녀들에게는 관심이 없고, 화려한 사교 생활을 꿈꾸며 자신의 귀족 혈통을 찾는 데 시간을 보낸다.

소피아, 플롭슨, 밀러스 *Sophia, Flopson, Millers* 포켓의 집에서 일하는 하인이자 보모들.

브랜들리 부인 *Mrs. Brandley* 런던에서 에스텔라의 후견인 역할을 하며 사교계에 소개한다.

코일러 부인 *Mrs. Coiler* 참견하기 좋아하는 포켓 부부의 이웃.

어벤저(페퍼) *The Avenger(Pepper)* 야망이 없는 핍의 소년 하인.

클래리커 *Clarriker* 허버트와 함께 사업을 시작하는 상인.

더 잭 *the Jack* 핍, 허버트, 매그위치가 탈주중 묵는 여인숙에서 허드렛일을 하는 꾀죄죄한 사내.

메리 앤 *Mary Anne* 웨믹의 집에서 일하는 젊은 하녀.

매그위치(아벨 매그위치, 프로비스, 첫 번째 죄수, 미스터 캠벨)
Magwitch(Abel Magwitch, Provis, First Convict, Mr. Campbell) 습지의 죄수. 이후 호주에서 부자가 되며 핍에게 유산을 상속한다. 그는 잉글랜드를 탈출하려다 잡히고 핍이 지켜보는 가운데 옥사한다. 에스텔라의 아버지이며 컴페이슨과는 예전에 범죄를 공모한 적이 있는데 컴페이슨에게 배신당한다.

컴페이슨(두 번째 죄수) *Compeyson(Second Convict)* 수표 위조범으로 매그위치와 함께 체포된 구변 좋은 상류층 범죄자. 이전에 해비샴 여사를 차버리고 돈을 사취했다. 핍이 습지에서 두 번째로 만나는 죄수이며, 매그위치와는 원수지간이다. 매그위치를 당국에 밀고하며, 그와 싸우다 익사한다.

아서 *Arthur* 해비샴 여사의 아버지가 요리사와의 관계에서 얻은 이복 동생. 상속권을 박탈당하며, 해비샴 여사를 증오한다. 아버지 사망 후, 노름 빚을 지며 해비샴 여사의 돈을 사취해 나누기로 컴페이슨과 공모한다. 꿈에 나타나는 해비샴 여사의 모습에 괴로워하다가 죽는다.

대령 *Colonel* 핍과 웨믹이 방문하는 재거스의 옥중 의뢰인 중 한 사람. 사형 선고를 받았으며, 증거가 너무나 확실해 재거스가 도울 재간이 없다.

샐리 *Sally* 컴페이슨의 아내.

쓰리 졸리 바지멘의 낯선 이 *Stranger at the Three Jolly Bargemen* 감옥에서부터 매그위치를 알고 있는 전과자. 매그위치 대신, 졸리 바지멘에서 핍에게 1파운드짜리 지폐 두 장을 건넨다. 수년 전 핍이 매그위치에게 주려고 훔쳤던 줄을 보여주어 매그위치의 심부름꾼임을 밝힌다.

등장인물 관계도

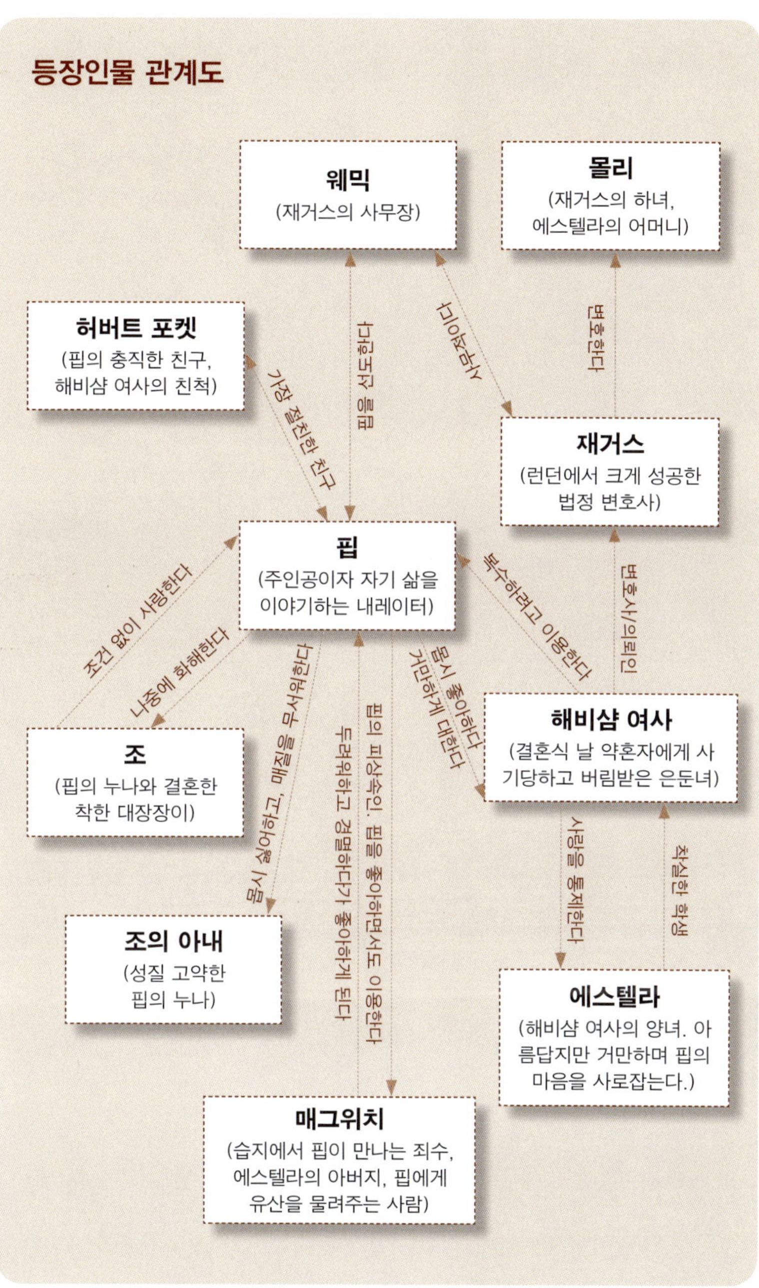

웨믹
(재거스의 사무장)

몰리
(재거스의 하녀, 에스텔라의 어머니)

허버트 포켓
(핍의 충직한 친구, 해비샴 여사의 친척)

재거스
(런던에서 크게 성공한 법정 변호사)

핍
(주인공이자 자기 삶을 이야기하는 내레이터)

조
(핍의 누나와 결혼한 착한 대장장이)

해비샴 여사
(결혼식 날 약혼자에게 사기당하고 버림받은 은둔녀)

조의 아내
(성질 고약한 핍의 누나)

에스텔라
(해비샴 여사의 양녀. 아름답지만 거만하며 핍의 마음을 사로잡는다.)

매그위치
(습지에서 핍이 만나는 죄수, 에스텔라의 아버지, 핍에게 유산을 물려주는 사람)

편지를 전달한다
사무장이다
가장 절친한 친구
조건 없이 사랑한다
나중에 화해한다
매질을 싫어하고, 매질을 무서워한다
누려워하고 경멸하다가 좋아하게 된다
복수하려고 이용한다
몹시 좋아한다
거만하게 대한다
의뢰인/변호사다
사랑을 억제한다
착실한 학생
좋아한다

Chapter별
정리
노트

Chapters 1-3

 탈옥수와 맞닥뜨리다

성탄절이 오기 전 어느 춥고 음산한 날, 일곱 살짜리 핍이 교회 마당을 가로질러 부모의 묘소를 찾아간다. 그는 템스 강이 바다와 만나는 켄트의 습지대에 산다. 갓난아이 때 부모를 여읜 그는 스무 살 많은 누나 조지아나와 마을 대장장이인 매형 조 가저리와 함께 살고 있다.

갑자기 '다리에 커다란 족쇄를 찬' 죄수 하나가 그에게 다가선다. 그 죄수는 인근 선상 감옥에서 탈출한 헐크스라는 자다. 핍을 거꾸로 세워 빵 조각 하나를 찾아낸 그 굶주린 사내는 핍의 포동포동한 볼을 먹겠다고 위협한다. 핍이 대장장이와 함께 산다는 것을 알게 된 죄수는 다음날 조의 대장간에서 약간의 '음식'과 줄을 갖고 오면 살려주겠다고 한다. 죄수는 핍이 딴 생각을 하지 못하도록 만약 약속을 지키지 않으면 자기와 함께 있는 사내가 심장과 간을 먹어치울 것이라고 겁을 준다. 핍은 돕겠노라고 약속하고 죄수가 어기적대며 사라지는 모습을 지켜본다.

집으로 돌아오는 길에 핍은 매형에게서 누나가 노발대발하며 찾고 있다는 얘기를 듣는다. 잠시 후 돌아온 누나는 뒤뜰에서 끝에 밀랍을 입힌 회초리 '티클러'로 핍을 혼낸다. 그녀는 '그를 손수 키웠고', 이는 이웃 모두의 존경을 받는 대목이다. 핍은 누나가 툭하면 자기와 조에게 손찌검을 한다는 생각이 든다. 저녁식사 때 핍은 죄수에게 가져다주려고 자기 빵을 바지 자락에 슬쩍 집어넣는다. 핍이 그 빵을 통째로 삼켰다고 생각한 조가 질식할까봐 걱정스러워한다. 누나는 조의 머리를 벽에다 내리치고 큰 돼지라고 부르면서 타르액*을 핍과 조의 목구멍에 들이붓는다. 그날 밤 늦게 감옥선에서 또 다른 죄수의 탈옥을 알리는 포소리가 들린다.

뜬눈으로 밤을 새운 핍은 일찍 일어나 음식과 줄을 훔쳐 집을 나선다. 길을 재촉하던 핍은 또 다른 죄수를 만나고, 그가 사내아이들의 간을 먹는 젊은이일 것으로 추측한다. 겁에 질린 핍은 뛰어가다가 전날 만난 죄수를 발견한다. 핍은 죄수가 게걸스럽게 먹는 모습을 지켜보면서 그 젊은이에게 줄 음식이 남지 않을까봐 걱정한다. 핍이 달아나자 죄수는 습지에 다른 누군가가 있다는 낌새를 알아차리고, 자기 원수일 것으로 생각하면서 줄로 허겁지겁 족쇄를 끊기 시작한다.

디킨스는 즉시 행동에 돌입한다. 처음 몇 개의 절에서 주인공 핍을 소개했으며, 이야기는 나이가 든 핍이 1인칭으로 풀어가고 있음을 알린다. 그리고 핍의 부모와 형제 다섯은 죽었고, 도움이 필요한 죄수도 등장했다. 1인칭 내레이터는 이야기 전개에 효과적이다. 독자들은 고백하는 듯한 이야기에 친밀감을 느끼기 때문이다.

죄수의 모습을 설명하는 다음 인용문에서 보듯 세밀한 묘사는 디킨스의 장점이자 단점 중 하나로 지적된다.

---

* **타르액**: 소독제로 사용되는 물과 타르의 혼합물.

"물에 흠뻑 젖고, 진흙에 범벅이 되고, 돌에 절름발이가 되고, 부싯돌에 베이고, 쐐기풀에 찔리고, 가시에 찢기고, 다리를 절고, 몸을 떨고, 노려보고, 성난 목소리를 내는 사나이. 내 턱을 움켜쥐면서 머리에서는 치아들이 딱딱 맞부딪치는 사나이." 하지만 그가 독자들을 이야기 속으로 곧장 끌어들이는 재능이 있다는 데는 이견이 없다. "쐐기풀이 무성한 황량한 곳… 둑과 작은 산과 성문들이 가로질러 있고, 소들이 흩어져 방목되고 있는 어둡고 평평한 황야."

디킨스는 또한 독특한 인물들을 만들어낸다. 핍은 '덜덜 떠는 작은 덩어리'다. 묘지를 어기적대며 걸어가는 죄수의 감정도 분명히 전달된다. "그는 마치 자기 발목을 비틀어 무덤으로 끌어들이려고 조심스럽게 손을 뻗치는 죽은 자들의 손을 피하려는 듯 나의 어린 눈을 들여다보았다." 죄수가 말할 때 vittle(음식) 대신에 wittle이라고 하며 w를 사용하는 것과 죄수의 음식 먹는 모습(큰 개가 한입 낚아챈 다음, 경계하는 모습과 비슷하다.)을 통해 디킨스는 죄수의 사회적 계급, 교육 수준, 현재의 상황을 묘사하면서 자신의 느낌도 나타낸다. 핍의 누나가 빵에 버터를 바르면서 빵에 박힌 앞치마 핀들을 빼내는 방식, 그녀가 핍과 남편에게 보이는 고압적인 자세는 그녀의 성격과 결혼 생활, 그리고 핍이 누나를 어떻게 생각하는지에 관해서 많은 것을 말해 준다.

 처음 3개 장에서는 반복을 통해 독자의 마음속에 등장
인물들을 각인시킨다. 즉, 핍의 누나는 핍을 '손수 키
웠다'는 말을 끊임없이 한다. 조는 핍을 '여보게'라고 부르며
'conwict' 같은 식으로 w를 많이 쓴다. 죄수는 목에서 혀 차
는 희한한 소리를 내며 다리에는 철제 족쇄의 이미지가 계속
나타난다.(이 이야기는 주간 연재물로 발표되었으므로 이러한
반복이 없으면 독자들은 등장인물들을 기억하지 못할 수도 있
었다.)

가족 관계는 재빨리 설정된다. 핍의 누나는 정서적으
로 불안하며, 집안을 장악하고, 남편과 남동생을 때리며 절대
적인 존재로 여겨지기를 바란다. 핍은 매형 조를 절친한 친구,
같은 처지의 수난자, 자기보다 큰 아이로 생각한다. 이 두 남
자는 누가 먼저 자기 빵을 더 많이 먹었는지 비교하고, 조의
아내가 노발대발할 때 소리 없는 신호를 이용해 의사소통을
하는 등 나름대로 재미난 일들을 만들며 견뎌낸다.

 핍이 죄수와 갖는 관계는 주목할 만하다. 핍은 공포에
떨고 역겨워하면서도 그 사나이에게 매료되는 기분이
고 유대감을 느낀다. 핍은 죄수가 그를 묘지에 남겨두고 갈 때
도망치지 않고 그 사나이가 어기적대며 걸어가는 모습을 지켜
본다. 이들 두 사람 사이에는 유대감이 있다. 어린아이와 죄수
는 둘 다 타인에 의해 통제되기 때문에 인생의 약자들이다. 핍
은 자연히 다른 '약자'에 반응을 보여 돕고, 나중에 죄수가 그

친절에 보답하는 계기를 만든다.

이 장들에서는 몇 가지 주제가 소개된다. 옳고 그름, 선과 악, 정의와 죄가 그것이다. 핍은 죄수를 위해 도둑질하는 그릇됨과 고통받는 인간을 돕는 선한 행위 사이에서 갈등한다. 그는 살아 있다는 자체로 죄책감을 느낀다. 유아 시절부터 누나는 핍에게 그가 살아 있는 것은 순전히 자기 덕임을 끊임없이 주입시켰고, 그는 그 죄의식으로 가득 차 있다.

디킨스는 사내아이들의 간을 먹는다는 젊은이의 위협과 관련된 세부 사항들을 신중히 매듭짓는다. 핍이 두 번째 죄수를 발견하게 한 다음, 첫 번째 죄수에게 그 젊은이가 먹을 음식을 남겨두라고 얘기하면서 두 죄수의 갈등을 소개하는 것이다. 두 번째 죄수의 등장은 핍이 그를 발견하기 이전에 이미 전날 밤의 총소리를 통해 암시된다. 유머와 풍자 역시 중요한 도구가 된다. 예를 들어, 핍은 자기가 아는 이름만으로 부모들을 부른다. '필립 피립, 이 교구의 고인', '조지아나, 상기인의 아내'라고. 죽은 형제들은 '다섯 개의 작은 마름모꼴들'로 묘사된다. 훔쳐온 음식을 맛있게 먹는 죄수를 보며 기뻐하는 핍의 모습도 웃음을 자아낸다. 누나가 핍을 때리는 회초리를 '티클러'(tickler: 간질이는 것)로 부르는 것도 재미나다.

Chapters 4-6

 **죄수, 경찰에 붙잡히다**

크리스마스 저녁식사를 준비하느라 분주한 조의 아내는 일을 방해받지 않으려고 핍과 조를 계속 밀어낸다. 음식 훔친 것이 들통날까봐 안절부절못하는 핍은 조와 함께 교회에 가게 되자 마음을 놓는다. 교회에 가지 않고 집에서 음식을 장만하는 조의 아내는 순교자인 양 행세한다. 예배 후, 손님들이 당도한다. 교회 서기인 웝슬 씨, 수레 목수인 허블 씨 부부, 거만하고 부유한 인근 마을의 씨앗 상인인 조의 삼촌 펌블축 씨. 저녁식사는 핍에게 악몽이다. 식탁은 그의 가슴 속에 있고, 펌블축의 팔꿈치는 그의 눈 속에 있으며 그에게는 아무도 원치 않는 음식 부스러기만 제공된다. 최악의 대목은 어른들 모두가 그에게 '감사하는 마음'에 관해 끊임없이 잔소리를 늘어놓는 것이다. 조는 핍이 매번 잔소리 공격을 받고 나면 고깃국물을 더 주어 위로의 마음을 전한다. 그러나 가장 큰 공포는 자기가 죄수를 주려고 가져간 음식을 누나가 알게 될까봐 조마조마한 것이다. 그녀가 그것을 발견하는 생각을 할 때마다 핍은 식탁 다리를 움켜잡았다가 그 순간이 지나가면 잡았던 손을 놓는다. 긴장 상태가 여러 번 밀려갔다 밀려오고 마침내 누나가 맛있는 파이—핍이 죄수에게 준 그 파이—를 먹자고 말한다. 핍은 식탁 다리를 놓고, 공포에 휩싸여 도망치다가 문간에서 수갑을 들고 서 있는 하사와 정면으로 부딪친다.

하사 일행은 도주한 죄수들을 추격중이며, 수갑을 즉시 수리해야 한

다. 조가 수갑을 수리하는 동안, 하사는 조의 아내의 비위를 맞추고 펌블
축의 자존심을 추켜세운다. 파이는 잠시 잊혀진다. 핍은 조, 웹슬과 함께
죄수들을 잡기 위해 군인들을 따라나서면서 마음을 놓게 된다. 두 죄수
가 도랑에서 서로 치고받고 하는 것이 목격된다. 이상하게도, 핍의 죄수
는 다른 죄수를 잡아들이게 하려고 다시 체포되는 위험도 마다하지 않는
다. 핍의 죄수는 핍이 말하지 않은 것을 눈치 채고는 간수에게 조의 집에
서 음식을 훔쳐 먹었다고 말한다. 이제 핍은 더 이상 없어진 음식에 대해
의심을 받지 않게 된다. 펌블축과 조의 아내가 죄수의 침입을 놓고 나누
는 대화가 자못 재미나다.

　"만일 내가 대장장이 아내가 아니라면, 그리고… 앞치마를 달고 사는 노예가 아니라면", 그리고 핍에게 던지는 따뜻한 크리스마스 인사. "대체 넌 어딜 싸돌아다니다 오는 거야?" 등의 말을 들으면 조의 아내가 어떤 사람인지 분명해진다. **주제 탐색** 아동 학대와 종교는 종종 디킨스 식 풍자의 표적이 된다. 핍이 감사할 줄 모른다는 어른들의 잔소리는 웝슬과 펌블축의 돼지 이야기가 핍을 향한 도덕 강의로 변할 때 우스꽝스럽다. 펌블축이 만약 핍이 돼지라면 푸줏간 주인은 어떻게 할까 라고 말하고, 핍이 자기들과 함께 있는 것이 얼마나 다행이냐고 하면서 큰 기쁨을 느끼는 모습도 우습기는 마찬가지다.

　해학과 빈정거림은 크리스마스에 주고받는 선물과 그 반응에서도 나타난다. 매년 크리스마스에 펌블축이 조의 아내에게 똑같은 포도주 두 병을 가지고 오면 그녀는 "아니, 펌-블-추크 삼초온! 너어무 고마워요!"라는 똑같은 말로 감사를 표한다. 디킨스의 인물 묘사 역시 풍자적이다. "펌블축 삼촌. 물고기 같은 입에다, 멍하니 쳐다보는 눈에, 위로 뻗친 모래 빛깔 머리카락에, 거친 숨을 몰아쉬는 중년의 느림보 거구, 그래서 마치 방금 질식사할 뻔했다가 의식을 회복한 그런 사람처럼 보였다."

행동이 거의 없는 장면에서도 긴장은 역력하다. 크리스마스의 저녁식사에서는 움직임이 거의 없지만, 돼지, 교회, 아이들, 감사에 대한 대화, 음식 도둑질이 밝혀질 생각을 할 때마다 겁에 질려 식탁 다리를 움켜쥐는 것, 조가 핍에게 고깃국물을 주는 것, 다리에 족쇄를 찬 도망자들에 대한 이야기들이 모두 마음의 움직임을 부산하게 만든다. 그리고 핍이 하사와 부딪치는 순간이 긴장을 폭발시키는 시점이 된다. 유사하게, 대장간의 광경도 죄수들에게 닥칠 불길한 일을 암시하고 있다. "풀무는 도망자들… 그리고 벽의 모든 어두운 그림자들을 위협해 풀무를 흔들라고 호령하는 것 같았다."

이 장들에서 조의 고상한 인격이 강조된다. 그는 핍에게 죄수들이 '재빨리 달아나면' 1실링을 주겠다고 말하며, 그 죄수가 음식을 훔쳤다는 말을 듣자 "하느님을 두고 맹세컨데 잘 드셨습니다… 우린 당신을 굶어죽게 내버려두진 않았을 거요… 가엾고 불쌍한 사람." 조처럼 혈기왕성한 사내가 아내와 친척들에게 맞서지 않는 이유를 이해할 수 없다.

궁핍, 불안정, 학대, 비밀, 선과 악, 비겁함, 죄의식이란 주제는 핍과 조의 상호 작용에서 나타난다. 핍이 조를 매우 사랑하는 이유는 조가 사랑하게끔 만들기 때문이다. 조는 핍의 인생에서 유일하게 좋은 사람으로, 일곱 살짜리 핍은 주위에서 유일하게 신사다운 이 어른의 사랑을 놓칠 수 없다. 따라서 핍은 훔친 음식과 줄에 대해서는 아무 말도 하지 않는다. 핍은 깊은 죄의식으로 고통받지만 사랑을 잃기보다는 비밀, 정서적 거리감, 진실을 희생시키는 쪽을 택한다. 나이 먹은 내레이터 핍은 자기가 겁쟁이란 것을 시인함으로써 자신을 비판했다.

문학적 장치 죄수가 핍에게 감사를 표하는 예는 몇 가지가 더 있다. 경찰 앞에서 핍이 입을 다물고 있는 것을 발견한 죄수는 하사에게 조의 집에서 음식을 훔친 사람이 자기라고 말한다. 죄수는 핍의 침묵과 도움을 고마워하며 그를 곤경에서 구출해 준다.

주제 탐색 이 대목에서의 또 다른 주제는 사회 계급에 따른 불의(不義)다. 핍의 죄수는 다른 죄수를 감옥으로 돌려보내기 위해 기꺼이 자유를 포기한다. 두 번째 죄수가 신사이기 때문에 더 가벼운 형을 받는다는 언급이 있다. 이 두 사람 사이에는 어떤 과거가 있는 게 명백하며 이들의 싸움은 두 사람 사이에 닥쳐올 더욱 어두운 갈등의 전조가 된다.

Chapters 7-9

 해비샴 여사의 집으로

핍은 아직 대장간에서 견습공 일을 할 만큼 나이가 먹지 않았지만 누나가 핍은 응석받이가 되면 안 된다고 하면서 허드렛일을 하게 보내고, 그가 올리는 수입을 모두 자기가 챙긴다. 핍은 웝슬 씨의 대고모가 운영하는 야학에도 다닌다. 그 학교는 대고모가 수업 내내 주무시는 웃기는 곳이다. 핍처럼 부모가 없는 대고모의 손녀 비디는 핍의 읽기, 쓰기, 산수를 돕는다. 나중에, 핍은 조에게 자기가 쓴 편지를 보여주었다가 조가 글을 읽지 못한다는 것을 알게 된다. 조는 이 사실을 감추려고 하지만. 핍은 조금 생색을 내며 학교에 다니지 않은 이유를 묻는다.

알코올 중독자였던 아버지는 어머니와 자기를 두들겨 팼고, 일을 거의 하지 않았다. 그래서 어릴 때부터 가족을 부양했기 때문에 학교에 다닐 시간이 없었다. 그는 핍에게 부모가 세상을 떠난 후 얼마나 외로웠는지, 그리고 핍의 누나가 대장간에서 함께 일하게 되어 얼마나 기뻤는지 얘기한다. 핍은 갓난아이 때 자기를 받아준 조가 고마워 어찌할 바를 모른다. 핍은 조에게 새삼 존경심을 느낀다. 핍은 조에게 누나 모르게 자기가 배운 것 중 일부를 가르쳐주기로 한다.

이때 조의 아내와 펌블축이 희소식을 가지고 돌아온다. 핍을 해비샴 여사의 집에 보내 그녀의 딸과 놀게 할 것이란 이야기다. 해비샴 여사는 사람들과의 접촉을 피하고 있지만 돈이 많으니 조의 아내와 펌블축은 이

일로 이득을 볼 심산이다. 핍은 펌블축의 집에서 하룻밤 자고 아침에 해비샴 여사를 만나기로 한다. 펌블축과 먹는 아침은 불쾌한 경험이다. 그는 음식을 게걸스럽게 먹으면서 핍에게 수학에 관한 질문을 퍼부어 좀처럼 식사를 할 수 없게 만든다.

해비샴 여사는 낡은 웨딩 드레스를 입고 있는 별난 여자다. 그녀는 핍에게 자기가 느꼈던 상심과 핍이 태어나기 전부터 살아온 과정을 말해 준다. 그녀의 집은 결혼식 날과 똑같고, 회중시계들은 전부 결혼이 취소된 시각을 가리키고 있다. 그는 해비샴 여사의 거만한 양녀 에스텔라를 만난다. 에스텔라는 핍을 거친 손과 투박한 장화를 신은 흔한 노동자 소년이라고 말해 창피를 준다. 해비샴 여사는 에스텔라에게 그를 상심하게 만들라고 말한 다음, 에스텔라의 아름다움을 들먹이며 핍을 조롱한다. 핍은 엿새 후에 오라는 지시를 받고 밖으로 불려나와 개처럼 음식을 먹는다.

마음이 상한 핍은 담을 발로 차고 머리를 쥐어뜯으며 분풀이를 한다. 핍은 마당의 양조장을 지나가면서 대들보에 목을 맨 해비샴 여사를 상상하며 겁을 잔뜩 먹고 도망친다. 에스텔라가 그를 문밖으로 밀어낸다.

해비샴 여사의 집에서 있었던 일이 궁금해 안달인 누나는 핍이 대답을 하지 않자 머리를 주먹으로 때리고 얼굴을 벽에다 밀어붙인다. 펌블축이 다가와 가세한다. 핍은 설사 자기가 본 것을 말한다고 해도 그들은 이해하지 못할 것이고, 그들이 해비샴 여사를 비난하는 것도 바라지 않는다. 그는 검은 마차, 금접시 위의 케이크와 포도주, 나부끼는 깃발과 검들에 관해 거짓말을 꾸며댄다. 나중에, 핍은 조에게 이 이야기가 모두 거짓말이었다고 말한다. 조는 핍에게 거짓말로는 절대 될 일이 아니라며, 밤 기도를 하면서 생각해 보라고 말한다. 하지만 핍은 조의 범속함과 정말 잊지 못할 그날에 대해 생각한다.

이 장들에서는 유머, 풍자, 힘찬 묘사, 긴장이 두드러지게 나타난다. 디킨스는 비실비실하는 대고모가 수업중 잠자는 모습을 통해 교육제도를 풍자한다. 그리고 핍의 누나가 그에게 일을 시키고 돈을 챙기며, 경제적 이득을 바라고 그를 해비샴 여사에게 보내는 것을 통해 미성년 노동과 아이들에게 부양 의무를 지우는 어른을 비난한다. 펌블축은 마구업자를 지켜보면서 사업을 하고, 마구업자는 마차 제작업자를, 마차 제작업자는 빵 굽는 사람을, 빵 굽는 사람은 식료품 상인을, 식료품 상인은 시계수리공이 일하는 모습을 지켜보는 것을 관찰하는 핍을 통해, 디킨스는 상인 계급을 풍자한다. 핍은 시계수리공만이 실제로 유일하게 자기 일을 하고 있다고 결론짓는다. 핍은 교리문답 책이 평생 똑같은 길을 걸으라고 했기 때문에, 자기는 늘 같은 길을 걸어가게 되어 있다고 생각하는 모습이 재미있다.

문학적 장치 — 해비샴 여사와 그녀의 집은 개성과 분위기를 만들어내는 디킨스의 세부 묘사 솜씨가 돋보이는 예다. 핍과 펌블축이 아침식사를 하는 정적인 장면에서도 긴장이 흐른다. 펌블축이 질문을 퍼붓는 사이 핍이 식사하고, 생각을 하거나 걸으려고 하는 행동은 일진일퇴의 리듬감을 준다. 그 질문들은 말이라기보다는 인신공격과 다름없다.

문체 탐색 — 디킨스는 독자들에게 등장인물의 개성을 상기시키려고 반복이라는 수법을 계속 사용한다. 눈여겨봐야 할 몇 가지 예는 조가 아내와 불화가 있을 때 반복적으로 코를 비비는 것, 조가 아내를 '몸매가 아름다운 여인'이라고 부르는 것, 펌블축이 "너를 손수 키운 그들에게 감사하라"는 말을 되풀이하는 것, 해비샴 여사의 손가락 놀림과 시체나 밀랍 인형처럼 뼈만 남은 모습, 그리고 거친 손, 투박한 장화, 잭스와 깡패들에 대한 핍의 되풀이되는 언급 등이다.

주제 탐색 — 죄의식, 감사, 공상, 은밀함이 이 대목의 주제다. 핍이 갓난아이였을 때 아주 못생겼었다는 조의 말을 들은 핍은 죄책감을 느끼면서 자기를 받아들여준 조에게 깊이 감사한다. 조의 아내와 펌블축은 해비샴 여사에 대한 소식을 전하면서 핍이 자기들에게 영원토록 고마움을 느껴야 한다고 끊임없이 훈계한다. 아내가 자신의 일자무식에 대해 알기를 원치 않는 조, 그리고 핍이 누나와 펌블축이 해비샴 여사에 관해 자세히 알지 못하게 하려고 기꺼이 거짓말을 하는 것에서 은밀함이 엿보인다. 핍은 가책을 느끼면서도 누나와 펌블축이 자기들 멋대로 해비샴 여사를 판단하는 것을 막고 싶은 것이다. 새티스 하우스는, 해비샴 여사는 마녀이고 에스텔라는 아름다운 공주인 공상의 세계다. 핍은 끔찍한 상황 속에 살면서 꿈을 꾸는 소년이다. 따라서 그는 공상 세계로의 탈출에 강한 반응을 보인다. 모든 것을 혼자만 알고 싶은 그는 그 찬란함이 현실과 대낮의 빛으로 퇴색되는 것을 원치 않는다. 새티스 하우스의 매력과 핍을 끌어당기는 힘은 이야기가 전개되면서 더욱 강렬해진다.

야망과 속물근성이란 주제가 등장하기 시작한다. 조가 핍을 학자라고 추켜세우자 핍은 학자가 되고 싶은 마음이 생긴다. 어린 나이임에도 주위 사람들보다 더 많은 것을 성취하려는 욕구가 있다는 증거다. 핍은 펌블축의 가게에서 작은 서랍들 속에 들어 있는 씨앗들을 보며 그것들이 감옥에서 벗어나 마음껏 자라고 싶어할 것 같다는 생각을 해본다. 누나가 조와 핍에게 보이는 생색 역시 이런 생각을 부추긴다. 핍은 핍대로 무식한 조에게 생색을 낸다. 그는 비디를 다소 호의적이지 않은 투로 묘사하지만 배운 게 있는 그녀와는 가까워진다.

성실한 조는 아내를 몸매가 아름다운 여자, 주도자라고 부른다. 이런 이유로 핍이 조에게 시비를 걸면 조는 굳은 표정과 단호한 말로 꼼짝 못하게 한다. 그는 매우 빈틈없고 분별력이 있다. 조의 아내는 집안 '다스리기'를 좋아하고, 조는 그 솜씨를 인정한다. 자신이 똑똑해지면 아내가 위협을 느끼게 될 것임을 아는 조는 핍에게 수업을 비밀에 부치자고 한다. 그는 사람의 단점을 알면서도 그 단점에 숨은 장점도 함께 보는 능력과 따뜻한 마음을 지녔다. 아버지의 주벽과 학대에도 불구하고 아버지의 착한 심성을 기억하고, 어머니가 아버지로 인해 겪은 고통을 알기 때문에 아내에게는 그런 고통을 주지 않으려고 아내의 학대를 기꺼이 견디는 것이다. 조는 핍이 가끔 회초리로 맞는 것을 매우 안쓰럽게 생각하며, 도와주지 못하는 것을 미안해 한다. 57장에서도 핍을 제대로 보호하지 못한 것에 대해 언급한다. 조는 천성이 착하고, 윤리적이고, 가식 없고, 공정하다. 그는 서로 다른 계층의 아이들을 함께 놀도록 하는 것은 문제라고 느낀다. 핍이 해비샴 여사의 집에 관해 거짓말을 했다고 실토하자 조는 핍에게 비범해지려면 먼저 평범해야 하며, 거짓말은 아무 득이 없고, 정직함으로써 비범해질 수 없다면 부정직함으로써 비범해지는 일은 결코 없을 것이라고 말한다.

조가 부모 얘기를 들려준 후, 조에 대한 존경심은 커지지만 핍은 조를 아이로 바라보게 되고, 누나에 대해 찬사를 늘어놓자 노여움을 느끼고 말다툼을 할 듯이 반응한다. 조가 재빨리 상황을 진정시키지만 핍은 누나의 학대를 방관하는 조에게 당연히 반감을 느낀다. 누나가 자기를 손수 키웠다고 해서 그토록 '거칠게' 다룰 권리는 없다는 것이다. 핍은 어른들이 언제나 완벽한 것은 아니라는 점을 깨닫기 시작한다. 이후 에스텔라가 모욕을 줄 때, 조가 좀더 나은 집안에서 자라기만 했어도 자기에게 가르쳐주었을 일들을 생각하며 핍의 반감은 커진다. 나중에 핍이 조를 저버린 것을 어느 정도 이해할 수 있는 대목이라고 하겠다. 격정이나 분노를 표현할 길이 없는 핍은 감정을 억누르거나 화를 자신에게 풀고 만다. 에스텔라에게 마음의 상처를 받고 나서 양조장 담을 발로 걸어차거나 머리를 쥐어뜯으면서 눈물을 감추려고 애쓰는 모습에서 그것이 나타난다. 조, 누나, 그리고 에스텔라에 대한 노여움이 그 근원을 겨냥하지 못한 채 안으로 움츠러들면서 우울증이 생기고 종종 수동적인 희생자처럼 삶을 대하게 된다.

점점 고조되는 핍의 노여움은 해비샴 여사에 관한 세부 정보를 누나와 펌블축에게 제대로 말해 주지 않는 형태로 나타난다. 그는 해비샴 여사를 보호한다는 생각에서 누나 같은 사람에게 거짓말을 하거나 대답을 거부하는 것이다. 이것이 그가 두 어른(누나와 펌블축)에게 복수하는 방법이다.

　　여기서 핍과 해비샴, 에스텔라 사이의 상호 관계가 그들의 개성과 동기를 규정지으며, 앞으로 일어날 일들을 암시한다. 해비샴 여사는 마음의 상처를 훈장인 양 자랑스럽게 달고 사는 냉혹한 여인이다. 그녀는 결혼식이 취소된 시각에 집안의 모든 시계들을 정지시켜 놓았기 때문에 그녀에게 시간은 아무런 의미가 없다. 오늘이 무슨 요일인지 알고 싶어하지도 않고 수년간 햇빛을 본 일도 없다. 그녀의 목표는 오로지 모든 남성들에게 복수하는 것이다. 해비샴 여사가 에스텔라에게 핍을 비탄에 젖게 하라고 말할 때, 핍은 처음으로 그것을 알아차린다. 핍은 깜짝 놀라며 자기가 오해하는 것이라고 생각하지만, 시간이 지나면서 그녀의 계획을 아주 잘 알게 된다. 하지만 핍은 에스텔라의 주의를 끌려는 행위를 멈추지 않고 그렇게 할 수도 없다. 두 여인 모두에게 무수히 상처받게 될 것임에도 불구하고, 핍은 해비샴 여사의 집에 이끌린다. 그 속내는 해비샴 여사에게 자기는 지금 집에 가고 싶지만 다시 돌아오고 싶다고 한 말에서 드러난다. 그는 소유할 수 없는 공주의 박대를 받으면서도 사랑에 사로잡히고 만 것이다.

Chapters 10-12

 해비샴 여사의 집을 떠나다

　　핍은 에스텔라를 감동시키기 위해 세련되려고 노력하면서 수업을 받으러 비디에게 간다. 어느 날 저녁, 조와 함께 졸리 바지멘에 갔던 핍은 자기를 지켜보는 낯선 사내를 발견한다. 그 사내가 술을 줄―핍이 습지의 죄수에게 훔쳐준 것―로 휘젓는 모습을 본 핍은 그 죄수가 보낸 사내임을 직감하고 비밀이 탄로날까봐 두렵다. 그 사내는 술집을 나가기 전 핍에게 1실링을 헌 종이에 싸서 건넨다. 집으로 돌아온 핍과 조는 그 '헌 종이'가 1파운드짜리 지폐 두 장이라는 것을 알게 된다. 조가 그 사내를 쫓아가려고 하지만 너무 늦은 시간이다. 누나는 그 돈을 거실에 둔다. 핍의 머릿속은 꿈에서든 깨어 있을 때든 죄수들, 줄, 그리고 그것과 관련된 상스러운 생각들이 떠나질 않는다.

　　그는 해비샴의 친척들을 만난다. 그들은 아첨을 떨며 해비샴을 돌보는 척하고, 핍을 아주 싫어한다. 그들은 '매슈'란 인물에 관해 얘기하는데, 들어보니 집안에서 버림받은 사람인 듯하다. 에스텔라가 또다시 핍을 조롱하고, 핍이 지난번보다는 덜 모욕적이라고 하자 핍을 울리려고 따귀를 세차게 때린다. 핍은 그녀를 위해 절대 울지 않겠다고 하지만 그건 거짓말임을 안다. 핍은 또한 무뚝뚝한 사내 하나를 만나는데, 그는 핍에게 행동을 똑바로 하라고 경고한다. 해비샴 여사는 핍의 부축을 받아 결혼 피로연실로 간다. 그 방에는 큰 탁자 위에 벌레가 들끓며 썩어가는 신부 케

이크가 놓여 있다. 에스텔라와 아첨하는 친척들도 따라나선다. 핍은 해비샴 여사가 그들의 화를 돋우면서 흐뭇해 하는 모습을 지켜본다. 그들을 물리친 그녀는 핍에게 오늘이 자기 생일이라고 말한다. 에스텔라의 미모를 계속 언급하던 그녀는 그를 내보내 음식을 먹게 한다. 밖에서 그는 창백한 젊은 신사와 싸움이 붙는다. 싸움 구경에 푹 빠졌던 에스텔라는 싸움에서 이긴 핍에게 키스를 허락하는 상을 내린다. 핍은 이 싸움으로 체포될 것이라고 확신하지만 아무 일 없이 넘어간다. 핍이 그 다음에 방문했을 때는 그 창백한 젊은 신사는 보이지 않는다. 핍의 방문은 8개월 내지 10개월간 하루 걸러 계속된다. 에스텔라의 행동은 계속 달라지고, 해비샴 여사는 늘 에스텔라의 미모를 얘기하며 그를 비웃는다. 핍은 에스텔라에 관해서는 비디 외에는 아무에게도 말하지 않는다. 어느 날 해비샴 여사가 핍에게 조를 데려오라고 말한다. 핍이 견습공이 될 때가 되었기 때문이다. 초대받지 못한 누나는 화를 낸다.

    "이런 환경에서 나는 무엇이 될 수 있을까?" 나이 든 핍이 삶을 회고하면서 한 이 말은 그의 인생이 어떤 방향으로 가게 될지, 그리고 이러한 환경과 사람들이 그에게 어떤 영향을 미치게 될지를 암시한다. 핍이 조의 견습공이 된다 하더라도 어린 시절의 핍과 조가 꿈꾸던 식으로는 되지 않을 것이 분명하다. 핍이 비디의 가르침을 받는 것은 상스러움과 창피함을 뛰어넘기 위한 결단이다. 그는 비디가 그에게 갖는 강렬한 관심을 전혀 알아차리지 못한다. 그녀는 그의 열망에 미치지 못하기 때문에 그녀를 인격체가 아닌 교육을 받기 위한 도구로 본다. 그의 속물근성이 서서히 드러나는 것이다.

주제 탐색 졸리 바지멘에서 낯선 사내를 만난 장면과 창백한 젊은 신사와 싸운 후 핍이 느끼는 체포의 공포를 유발하는 죄의식, 공포, 은밀성이 계속 수면 위로 올라오면서, 핍이 마음속에 지니는 비밀도 많아지고 있다. 수년 전에 저질렀던 음식과 줄 도둑질이 계속 그를 괴롭힌다. 특히 바지멘에서 낯선 사내를 만났을 때 더욱 그렇다. 그는 조에게도 죄수 사건은 물론, 해비샴 여사나 싸움에 대해 얘기하지 않았다. 비밀이 지배하는 상황이다.

문체 탐색 디킨스는 새러 포켓 여사, 카밀라와 레이몬드 씨, 조지아나 등을 통해 친척에게 기생하는 인물들을 풍자한다.

디킨스는 종종 레이몬드를 '카밀라 씨'라고 부르며, 아내에게 휘둘리는 공처가라고 조롱한다. 해비샴 여사의 친척들이 그녀에게 지나칠 정도의 관심과 배려를 보이지만, 그녀는 그들 누구도 서로를 관용하지 못하는 모습을 지켜보며 큰 즐거움을 누린다. 친척들은 해비샴의 재산을 노리고 그녀가 죽기만을 기다리는 독수리들이다. 디킨스는 그들의 혐오스러운 개성을 부각시키는 데 뛰어난 재능을 발휘한다. 그는 새러 포켓을 '호두껍질로 만들어진 것 같은 조그만 얼굴과 수염 없는 고양이처럼 커다란 입을 가진 연갈색 피부의 주름진 늙은 여인'으로 묘사한다. 그런 생김새를 통해 새러의 성격은 호두껍질 같은 모양새가 된다.

조의 아내는 조만 새티스 하우스로 불려갈 때 위협을 느낀다. 소외감이 안겨주는 불안과 낙담은 그날 밤 화를 내며 집안을 청소할 때 확연히 드러난다. 그녀의 힘은 주변에서 벌어지는 일을 시시콜콜 알고, 모든 것을 관리하고, 조에게 자기 없이는 살아남지 못한다는 점을 거듭 확인시키는 데서 나온다. 그녀는 결혼하기 전처럼 버림받고 다시 혼자가 되는 것이 두렵다. 따라서 조가 혼자서 해비샴 여사와의 일을 제대로 해내면 아내 없이도 살아갈 수 있겠다는 생각을 하게 될까봐 걱정스럽다. 그녀는 자신의 지배력, 나아가 안전이 위협받기 때문에 극성스러워지고 화를 내는 것이다.

앞으로 펼쳐질 핍과 에스텔라 사이의 관계는 이 대목에

서 확고해진다. 그녀는 핍을 모욕하고, 울리려고 하지만 핍은 속으로는 울지언정 기(氣)싸움에서 지지 않으려고 한다. 흥미로운 사실은 핍이 그 창백한 젊은 신사에게 이길 때 그녀가 보인 열렬한 반응—기쁨에 넘쳐 핍에게 키스를 허락하는 행위—이다. 짐짓 무관심한 체하는 겉모습의 내면에 뭔가 격렬한 감정이 꿈틀대는 것이다.

해비샴 여사는 핍이 "올드 클렘"[*]이란 노래를 부를 때처럼, 그를 보며 즐거워하는 듯한 순간이 있긴 하지만 자신의 복수 계획에 따라 움직인다. 어느 날 그녀는 핍이 놀기만 하기에는 너무 나이가 들고 있음을 깨닫자 심란한 모습이다. 핍을 조의 견습공이 되게 하는 것은 뜻밖이며, 그 의도가 보상인지 사망선고인지 의문스럽다. 그러나 에스텔라에게 푹 빠진 그를 더욱 상스럽게 만들 뿐인 견습공 일은, 핍이 이미 교육을 받고 싶다는 욕구를 나타냈던 것을 감안하면 최후의 복수처럼 여겨진다.

이전의 요소들도 계속 나타난다. 핍의 억눌린 노여움이 펌블축의 2륜 마차에서 바퀴 멈추개를 잡아 빼는 꿈을 꿀 때 불타오르며, 펌블축이 그의 머리카락을 헝클어뜨릴 때는 언제나 마음속으로 격노한다. 손수 키워준 데 대한 감사,

---

[*] **올드 클렘**(Old Clem): 대장장이들의 수호성인인 교황 클레멘트를 가리킴. 대장장이들이 그를 기리며 이 노래를 불렀다고 함.

해비샴 여사를 마녀로 보는 공상적인 요소, 해비샴 여사의 손놀림과 밀랍인형 같은 모습, 그리고 무슨 요일인지 알고 싶어 하지 않는 성향 등등.

문학적 장치 일부 새로운 요소들도 소개된다. 비누 냄새가 나는 손의 집게손가락 손톱을 물어뜯는 큰 몸집의 무뚝뚝한 남자, 검은 버섯, 거미줄, 거미, 풍뎅이, 웨딩 케이크에 대한 묘사가 그것이다. 비누 냄새가 나는 남자는 소설에서 잠깐 다시 등장하는데, 눈여겨볼 부분이다. 그 남자가 자기에게 중요한 사람이 될 것임을 몰랐다는 핍의 말은 그 남자가 곧 보여줄 역할을 암시한다. 거미와 거미줄은, 특히 벤틀리 드러믈과 관련하여 계속 언급되고, 새티스 하우스와 그 거주자들이 핍을 통제하는 장악력을 나타내는 은유가 된다.

몇 가지 사회적 해설도 눈에 띈다. 디킨스의 어머니가 돈 때문에 아들이 계속 일하기를 바란 것처럼—자녀들을 희생시켜 이득을 보려는 부모들의 탐욕—조의 아내는 핍이 해비샴 여사의 집에서 얻게 될 금전적 이득을 기대하고 있다. 디킨스는 핍이 해비샴 여사의 저택 층계에서 보았던 그 무뚝뚝한 남자를 의사가 아니라고 판단할 때(의사라면 '더욱 조용하고 설득력 있는 자세'를 가졌을 것이기 때문에) 사회 계층 사이의 서로 다른 행위에 주목한다. 그 무뚝뚝한 남자가 자기 경험을 말하면서 그 아이들을 나쁜 패거리라고 한 평은 아이들은 처벌하고 통제해야 한다는 당시 사회적인 시각을 보여준다.

Chapters 13-15

우울한 대장간 생활

조의 아내는 자존심을 세우려고 조와 핍이 해비샴 여사를 방문할 때 따라가서 펌블축의 집에서 기다리겠다고 말한다. 그녀는 자신이 귀하게 여기는 물건들을 많이 지니고 마치 행진하듯이 의기양양하게 앞으로 나아간다. 양복을 입은 조의 모습이 우스꽝스럽다. 그는 해비샴 여사의 질문에 허둥대고 모자를 만지작거리며 직접 대답하지 못하는 등, 좌불안석이다. 그는 핍에게 말하여 답변을 대신한다. 핍은 특히 에스텔라가 조를 비웃는 모습을 보고 매우 당황한다. 해비샴 여사는 핍을 칭찬하면서 후한 사례금을 조에게 건넨다.

놀란 조는 25파운드의 사례금을 들고 펌블축의 집으로 가서 누나에게 건네준다. 현명하게도 조는 핍은 아무것도 받지 않았으며, 해비샴 여사가 안부와 함께 이 돈을 조의 아내에게 전하라며 주더라고 말한다. 그 말을 들은 아내의 기분이 누그러진다. 그들 모두는 돈의 액수에 놀란다. 나중에 그들은 허블 부부와 웝슬 씨와 저녁식사를 하며 축하하지만 핍은 피곤하고 침울하다. 그는 대장간에서 더 이상 일하고 싶은 마음이 없다.

핍은 맡은 바 의무를 다하지만 고되고 불행하다. 그는 얼굴과 손에 검댕을 묻히고 거친 일을 하는 모습을 행여 에스텔라가 볼까봐 두렵다. 그는 야학에 가기에는 나이가 너무 많아 독학을 하며, 조를 부끄럽게 여기지 않도록 조도 가르치려고 한다.

어느 날 핍이 해비샴 여사를 찾아가겠다고 말한다. 만류하던 조는 결국 핍이 그곳에 갈 수 있도록 휴가를 내준다. 핍을 시기하는 대장간 일꾼 올릭도 휴가를 요구한다. 조의 아내가 반대하자 둘은 말다툼을 벌인다. 조는 아내를 위해 올릭과 싸움이 붙고, 이어 맥주를 마시며 화해한다. 핍이 해비샴 여사를 찾아간 것은 끔찍한 일이었다. 해비샴은 에스텔라가 파리에 있다고 말하고, 그녀를 놓친 핍을 조롱한다. 그녀는 핍에게 그의 생일날마다 찾아오라고 하고는 돌려보낸다. 펌블축의 집에서 웝슬이 조지 반웰의 비극 작품을 연기하는 것을 들은 후, 핍과 웝슬은 걸어서 집으로 가다가 은밀한 곳에 숨어 있던 올릭과 마주친다. 그들은 핍의 집에서 누군가 다쳤다는 얘기를 듣고 달려가 보니 핍의 누나가 머리를 가격당해 빈사상태에 빠져 있다. 그녀는 이제 두 번 다시 노발대발하지 못할 것이다.

주제탐색 이 장들에서는 인간관계에 관한 주제가 강화된다. 조, 올릭, 핍, 그리고 조의 아내 사이의 역학관계는 어둡고 불길하다. 올릭은 핍을 괘씸하게 생각한다. 핍은 올릭을 두려워한다. 조의 아내는 올릭을 싫어하고, 그는 자기 상대가 못 된다고 주장한다. 올릭은 그녀가 자기 마누라라면 물펌프로 익사시키겠다는 말로 응수한다. 조는 아내 편을 들기 위해 올릭과 싸우지 않을 수 없게 된다.

조의 아내는 해비샴 여사와의 관계에서 배제되자 불안과 두려움을 보인다. 그녀는 청소하면서 내내 입을 내밀고 있으며, 펌블축의 집으로 걸어가면서 귀중품을 과시한다. 해비샴 여사의 사례금에 보이는 반응은 부에 대한 관심과 핍의 행복에 관심이 없음을 나타낸다. 올릭에 대한 조의 아내의 분노와 서로 조롱하는 장면은 닥쳐올 비극의 전조다. 그녀는 모든 사람을 깎아내리고 통제하는 데 열중한다. 사회에서 소외된 부류에 속하는 올릭은 핍을 시기하고 있고 자존심은 거의 없다. 조의 아내의 모욕은 그를 더욱 비참하게 만들고 난폭한 행동을 하도록 촉발한다. 분노를 자제할 능력이 없는 올릭은 모두가 조의 아내에게 품고 있는 생각을 그대로 행동에 옮겨 그녀를 죽이려 들고 마는 것이다.

조의 무지와 지혜가 확실히 드러난다. 그는 배운 것이 없고 쉬운 단어들조차 쓰지 못한다. 대장간이 문을 닫는다고 알리는 경우에도 철자를 틀리게 쓴다. 하지만 인간관계에서는 타고난 지혜와 고결함을 보여준다. 그는 핍과 공부하는 것을 기뻐하면서도 자신의 처지에 만족한다. 그리고 명예를 중시하기 때문에 아내를 보호하며, 올릭과 화해하고, 돈보다 핍의 행복이 중요하다며 해비샴 여사의 집에서 자기 입장을 고수한다. 핍이 해비샴 여사를 방문하고 싶다고 하자 관계가 끝났는데도 찾아간다면 뭔가를 바라는 것으로 그녀가 오해할지 모른다고 말해 준다. 핍은 감사를 전하고 싶다면서 고집을 부린다. 조는 문짝 사슬, 석쇠, 놋쇠 등 대장장이 일을 상징하는 말을 써서 핍의 마음을 돌리려고 한다. 그녀가 이미 갖고 있지 않은 것이 없기 때문에 핍이 감사의 표시로 줄 만한 선물은 없다는 것이다. 조는 그 방문이 옳지 않다는 것을 알면서도 더 이상 막지 않고, 단지 해비샴 여사가 또 오라고 하지 않는 한 이번이 마지막이라고 말한다.

핍은 조처럼 타고난 고결함과 지식이 결여되어 있다. 해비샴 여사와 만날 때 핍은 조 때문에 당황한다. 내레이터 핍은 이렇게 말한다. "난 그 착한 친구를 창피하게 생각한 것 같아―그가 창피했어." 해비샴 여사가 여기서 빛을 발한다. "해비샴 여사는… 그의 진정한 모습을 나보다 더 잘 이해했다." 그녀는 조를 알아보고 존경심을 갖고 진지하게 대하는 것이다. 그러나 자기 환경을 창피하게 여기는 핍은 대장간에 갇힌 기분이다. 조가 늘 가정에 헌신하고 있음을 알고 있지만 새티스 하우스를 경험한 핍은 대장간에서 결코 행복을 느낄 수 없다. 이것이 누구의 잘못인지에 관해 내레이터 핍은 일부는 자기, 일부는 누나, 일부는 해비샴 여사의 탓이라고 한다.

문학적 장치 펌블축은 해비샴 여사가 준 돈에 관해 잘 알고 있는 척하며 자기 덕분인 양 허세를 부린다. 또한 죄의식과 범죄에 관한 주제는 계속된다. 핍은 대장간에서 일하고 싶지 않다고 한 것에 죄책감을 느낀다. 그는 펌블축이 그를 견습공으로 만들기 위해 법정으로 끌고 갈 때도 기분이 상한다. 사람들이 그를 범죄자로 볼 것이기 때문이다. 이 장들에 나타나는 일부 인물의 성격과 상징은 다음과 같다. 해비샴 여사의 집에서 모자를 만지작거리는 조(이 행동은 27장에서 조가 '신사'의 아파트로 핍을 찾아갈 때 반복된다.), 해비샴 여사, 에스텔라, 핍이 느끼는 자유의식과 흥분을 상징하는 흰 돛의 배들. 조의 아내에게 붙어 다니던 '성나서 날뛰기'라는 꼬리표 등.

Chapters 16, 17

 ## 속물근성이 고개를 들고

경찰의 조지아나 피습사건 수사는 실수와 거짓 고발이 난무하는 희극이다. 수사관들은 범죄를 해결하지 못하고 떠난다. 유일하게 밝혀진 사실이라고는 방 안의 촛불이 꺼졌다는 것과 그녀가 벽난로를 바라보고 있을 때 녹슨 족쇄에 뒤통수를 맞았다는 것이다. 조와 핍은 현장에 없었던 것이 확실하며 올릭도 그런 것 같다. 그녀는 살아 있지만 이제 끊임없는 보살핌이 필요하다. 할머니를 여읜 비디가 그녀를 돌보러 온다. 비디는 조의 아내가 쓰는 표시들 가운데 특히 계속 나오는 'T'자가 망치라고 결론짓는다. 올릭과의 면담을 청한 조의 아내는 그의 비위를 맞추려고 안달하는 모습이 역력하다.

핍은 독학을 계속하면서 실력이 늘자 거만해진다. 그는 비디가 쾌활하고, 건강하고, 상냥하지만, 그다지 아름답지 않고 평범하다고 생각한다. 교만해진 그는 그녀가 지닌 것을 하찮게 본다. 그녀에 대한 칭찬도 선심 쓰기와 생색 내기용이다. 그는 그녀에게 에스텔라를 차지하기 위해 신사가 되고 싶다고 말한다. 비디는 에스텔라가 그를 대하는 모습을 볼 때, 그럴 만한 가치가 없는 여자일지도 모른다는 점을 지적하려고 한다. 핍은 동의하면서도 에스텔라 대신 왜 그녀를 사랑할 수 없을까 생각한다며 비디를 모욕한다. 비디는 상황의 본질을 재빨리 이해하고 자기와 핍은 잘되지 않을 것이라고 응대한다. 두 사람의 얘기를 듣고 있던 올릭이 비디에게 추파를 던지지만 비디는 그것이 두렵고 싫다. 질투심이 끓어오른 핍은 올릭의 구애를 좌절시키려고 노력한다.

야망, 속물근성, 집착, 은밀성, 죄의식, 수치가 이 장들의 밑바탕에 흐른다. 도서관의 책으로 독학했던 디킨스처럼, 핍은 독학으로 자기향상을 꾀해 세련된 사람이 되려고 필사적으로 노력한다. 그러나 감옥 같은 대장간으로부터의 탈출구는 없으며, 대장간을 너무도 싫어하는 것이 죄스럽다. 핍은 에스텔라를 쫓아다니는 게 잘못인 줄은 알지만 그만둘 수가 없다. 비디는 핍에게, 경멸당하면서도 그 여자의 비위를 맞추려고 하는 것은 잘못임을 이해시키려고 하지만 그 '학생'은 이러한 가르침을 받아들일 자세가 아님을 이내 알아차린다.

속물스런 핍은 자기 자신과 에스텔라에게만 집착한 나머지 비디가 훌륭한 여자임을 알아보지 못한다. 그는 열심히 책을 읽지만 인간관계에는 무지하다. 그는 되풀이해서 비디의 지식수준을 깔보며 깎아내린다. 비디는 아무렇지도 않은 듯 대꾸하지만 기분이 언짢고 그의 속내를 훤히 꿰뚫고 있다. 그녀가 여전히 친근한 어투로 두 사람이 맺어질 일은 없을 것이라고 말하자 핍이 화를 낸다. 핍은 모든 것을 원한다. 에스텔라를 원하지만 비디도 사랑할 수 있기를 바란다. 비디에게는 관심이 없으면서도 자신이 거부당하는 것 역시 원치 않는 것이다. 올릭이 비디에게 관심을 보이자 시기심이 발동한 핍은 만일 그녀가 올릭의 기를 살려주면 시시한 사람으로 보겠다고 말한다. 그는 비디를 판단하거나 그녀에게 뭔가를 강요할 권리가 없다는 것을 깨달을 만큼 똑똑하지 못하며, 뭐가 뭔지 모르는 상태다. 하지만 "누군가 또는 모두에게 심하게 이용당한다는 것을 막연하게나마 확신했다"고 판단하는 경우처럼 사태를 올바로 파악하는 순간도 있다. 그는 떨어져 있으면서도 해비샴 여사, 에스텔라, 누나, 펌블축에게 이용당하고 있다. 그의 진정한 자아는 뭔가 잘못되었다는 것을 깨닫지만 그는 아직 그것을 알지 못한다.

누나를 공격한 흉기가 수년 전 그 죄수의 족쇄일 수도 있다는 사실을 알게 된 그는 심한 죄책감을 느낀다. 이전의 비밀과 잘못이 그 악을 증식시키는 것처럼 보이고, 그 잘못이 범죄와 연루되면서 계속 그를 괴롭힌다. 눈물을 글썽이며 부상당한 아내를 바라보는 조는 여전히 훌륭한 남편의 모습 그 자체다. 올릭의 죄는 조의 아내가 그린 'T'자와 그의 비위를 맞추려 안달하는 그녀의 모습으로 암시되지만 아무도 그 연관성을 알아차리지 못한다.

Chapters 18, 19

 상속의 조건

핍은 견습공 4년차에 접어든다. 졸리 바지멘에서 조와 함께 핍은 웹슬이 늘어놓는 범죄 기사 해설을 듣고 있다. 그때 한 낯선 사내가 웹슬의 논평에 이의를 제기하며 계속 반박한다. 그는 집게손가락의 손톱을 깨물며 주장을 펼치면서 웹슬에게 삿대질을 한다. 핍은 그가 해비샴 여사의 집에 있던 그 비누냄새 나는 사내임을 알아본다. 사내는 조와 핍에게 이야기를 청하고, 그들은 집으로 돌아와 거실에 마주앉는다. 그는 런던 출신 변호사 재거스라고 신분을 밝히고, 핍이 막대한 유산을 받게 되었다는 소식을 전한다. 조와 핍은 놀란다. 그 사실이 꿈만 같은 핍은 재거스가 해비샴 여사의 변호사이기 때문에 해비샴이 한 일로 생각한다. 상속 조건은 핍이 이름을 그대로 유지할 것과 은인의 이름을 묻지 않는다는 것, 두 가지다. 은인은 때가 되면 나타날 것이다. 재거스는 핍이 신사가 되려면 누군가와 공부를 해야 한다고 말하고, 해비샴 여사의 친척인 매슈 포켓을 언급한다. 재거스는 자신은 누구를 천거하지 않으며 단지 정보만 제공한다는 점을 분명히 한다. 나아가 이 일로 보수를 받고 있으며 그렇지 않다면 여기 오지도 않았을 것이라고 말한다. 그리고 이 건에 관해 자기 의견을 물었다면 자기는 이러한 선물을 권하지 않았을 것이라고 밝힌다. 재거스가 조에게 핍을 대장간에서 썩힌 금전적 보상을 끈질기게 요구하자 모욕감을 느낀 조는 재거스와 싸움이라도 붙을 기세다.

그날 저녁 핍은 슬픔을 억누르려고 애쓰는 조에게 청승을 떤다고 화를 낸다. 하지만 조와 비디가 진심으로 기뻐하며 준비 상황에 관해 묻자 이번에도 화를 낸다. 새 양복을 한 벌 사려고 시내로 향하던 그는 풀을 뜯는 소들까지도 자기를 공손하게 바라보는 것 같은 느낌이 든다. 재단사인 트랩은 지나칠 정도로 핍을 거들어주며, 그를 깍듯하게 대하지 않는 조수에게 고함을 지른다. 펌블축조차 핍에게 잘 보이려고 알랑거린다. 그 거만한 사내는 핍과 악수하고, 음식을 주고, 핍이 어렸을 때 아주 친한 사이였던 것처럼 행동한다.

핍은 비디에게, 자기가 조를 '(신사로) 끌어올릴' 때 준비가 되어 있도록 학식과 예절에서 뒤지지 않게 힘써 달라고 부탁한다. 비디는, 조는 자기 처지를 잘 알고 있으며, 맡은 바 일을 소중하게 해나가면서 거기서 기쁨과 자긍심을 느낄 것이라고 말한다. 핍은 비디가 질투를 한다고 비난

하고, 그녀에게는 더 이상 아무것도 요구하지 않겠다고 쏘아붙인다. 비디는 자신이 모욕감을 주었다면 사과한다며, 핍이 자기에게 어떤 감정을 갖든지 핍에 대한 자신의 감정은 바뀌지 않을 것이라고 말한다. 그리고 "신사는 불공정해서도 안 된다"고 덧붙인다.

집을 떠나기 전, 양복을 차려입고 해비샴 여사의 집을 찾은 핍은 새러 포켓의 질투심을 유발하는 데 성공한다. 핍은 해비샴 여사가 자신의 요정이라는 믿음을 더욱 굳힌다. 출발하는 날, 핍은 조와 비디와 함께 있는 모습을 사람들에게 보이기 싫어서 혼자 떠나겠다고 한다. 그는 담담하게 떠나려고 하지만 걸어가면서 눈물을 흘린다. 마차를 탄 그는 그렇게 집을 나선 것이 마음에 걸려 돌아가서 화해를 할까도 생각하지만 머뭇거리는 사이, 마차는 이미 너무 멀리 가버린다.

재거스는 정직하고 솔직하다. 그는 사실에만 관여하며, 권고는 하지 않고, 모든 사람이 자기에게 기대하는 것과 기대하지 않는 것을 분명히 하기를 바란다는 말을 되풀이한다. 그는 따뜻한 사람은 아니지만 공갈협박을 일삼는 조의 아내보다는 훨씬 존경할 만하다. 새러 포켓의 호두껍질 같은 안색은 핍의 변한 모습을 시기한 나머지 이제 갈색에서 초록빛과 노란빛으로 변한다.

조의 정서적 깊이는 이 장들에서 아름답게 드러난다. "조는 여인 같은 손길로 내 어깨에 손을 얹었다. 그 이후로 나는 그를 종종 힘과 신사다움이 결합되어 사람을 분쇄하는 동시에 달걀 껍질을 두드려 벗길 수 있는 증기 해머처럼 생각해 왔다." 조는 자기 감정의 양면성에 편안해 하며 삶의 우선순위도 명확하다. 그는 핍을 잃게 되자 상심한다. 조는 울지 않으려고 눈을 훔치며 벽난로 앞에 앉아 감정을 다스리려고 애쓰면서 조용히 무릎을 움켜쥔다. 핍에 대한 조의 치열한 사랑이 어느 정도인지는 돈만 좀 주면 언제든 핍과 바꿀 것이라고 넌지시 말하는 재거스를 응징하려고 할 때 나타난다. 하지만 핍이 진정시키려고 옆으로 데리고 가자 신사다움은 즉시 돌아온다.

이 장들에서 핍과 펌블축 가운데 누가 더 야비한지는 분명하지 않다. 두 사람은 어떤 면에서는 매우 흡사하다. 핍은 재산을 받으면서 펌블축을 닮아간다. 펌블축은 핍에게 잘 보이려고 알랑거리며 끊임없이 "해도 되겠습니까?"라고 물으면서 핍과 악수하려고 한다. 그는 핍에게 음식을 주고, 조의 '부족함'을 돌봐주겠다고 제의하며, 자신을 어린이 핍과 놀아주고 '산수 놀이'를 하던 사람으로 묘사하기 위해 핍의 어린 시절 추억을 왜곡한다. 심지어 조의 아내에 대해 '그녀의 성격상 결함들을 못 본 척해서는 안 된다'는 말까지 한다. 그는 또한 자기 사업에 대한 어떤 투자도 환영한다는 점을 넌지시 비친다. 펌블축은 뭔가에 대한 공을 차지하는 순간은 절대 놓치는 법이 없으며, 사람을 대하는 방식은 그 사람의 재정 상태에 따라

달라진다. 이 부분은 핍이 신사가 될 때도 그와 유사한 변화가 일어난다는 것을 암시한다.

핍은 돈이 어떻게 상황을 변화시키는지 깨닫는다. 예를 들어, 재단사 트랩 씨가 자기를 이전보다 더 친절히 대하고, 트랩의 사환이 공손하지 않아서 곤경에 처하는 것이 그렇다. 핍은 집에서 거만하고 속물적으로 군다. 자기 방이 그리울 것이라고 느낄 때 잠시 슬픈 순간이 있지만 비디와 조에게 까다롭게 굴면서 시간을 보낸다. 조와 비디가 그가 떠나는 것을 슬퍼할 때도 화를 내고, 그의 행운을 기뻐할 때도 화를 낸다. 도무지 비위를 맞추기가 불가능한 인물이다. 그는 조를 공부시키라며 비디에게 생색을 내고, 조가 존경받을 만한 인물이라는 점을 이해하지 못한다. 비디의 대응은 적절하지만 핍을 격노케 할 따름이다. 그는 그들에게 자신의 비열한 행위를 이해시키려 하고 있으며 자신의 그릇된 행동을 깨닫기는커녕, 시기하고 못된 행동을 하는 사람들은 그들이라고 굳게 믿는다. 비디는 조를 제대로 변호하고, 핍에게 사과하고, 핍에 대한 감정은 변함없다고 말할 때 진정한 고결성, 자제력, 동정심을 보여준다. 하지만 그녀는 핍이 틀렸고, 아무리 신사라도 사람을 그릇 판단하고 학대할 권리는 없다고 꼬집는다. 핍은 비디를 관대하게 '용서할' 때 구역질이 날 지경이다. 핍의 망상은 들판의 소들도 자기를 새로운 존경심으로 바라본다고 생각할 정도로 크다. 선과 악의 갈등은 작별인사를 다시 하려고 집으로

돌아갈 생각을 할 때처럼 핍이 자기 행동을 재고하는 순간에
드러난다. 하지만 이 경우에도 편협한 성격이 승리한다. 돌아
가기에는 너무 늦은 때를 기다리면서 사람의 도리 따위는 떨
쳐버리고 착한 순간을 '이겨낸다'.

Chapters 20-22

제2권 제1 – 3장

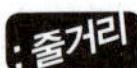 **해비샴 여사의 과거**

　　핍은 런던의 허름한 상업 지역에 위치한 재거스의 사무실에 도착한
다. 재거스는 부재중이다. 핍은 낡고 녹슨 권총, 칼집 속의 칼, 두 개의 부
은 얼굴 석고상 등 기묘한 것들로 장식된 어둡고, 음울하고, 통풍도 안 되
는 사무실에서 그를 기다린다. 핍은 재거스의 의자를 보고 관이 생각난다.
핍은 답답함을 견디지 못하고 밖으로 나와 스미스필드 시장의 오물, 기름,
거품을 지나 주변을 돌아다닌다. 그는 뉴게이트 감옥 근처까지 걸어갔다
가 바솔로뮤 클로즈*로 돌아간다. 그곳에서는 많은 사람들이 초조하게 재
거스를 기다리고 있다. 재거스를 변호사로 선임하거나 친척들의 소송 소
식을 듣고 싶어하는 사람들이다. 돌아온 재거스는 모두에게 짐짓 겸손한
체하면서 수임료를 낸 사람들만 상대한다. 그는 증인들과 얘기를 나눌 때
불법적인 것은 듣지도, 하지도, 말하지도 않으려고 주의를 기울면서 모든
거래를 법의 테두리 내에서 처리한다.

　　핍은 재거스로부터 월요일까지 포켓 씨의 아들과 함께 바나드 여인
숙에 머물다가 포켓 씨의 집으로 가게 된다는 말을 듣는다. 핍에게 용돈

---

* 바솔로뮤 클로즈(Bartholomew Close): 스미스필드 지역의 바솔로뮤 교회 부근의 좁은 길.

을 건넨 재거스는 핍이 언제 빚을 지는지 알기 위해 돈 씀씀이를 추적할 것이라고 솔직히 말한다. 그는 핍이 빚을 지게 될 것이라고 장담한다. 죽은 고객들의 유품 반지를 여러 개 끼고 있는 몰인정한 그의 사무장 웨믹이 핍을 바나드 여인숙으로 데려간다. 여인숙은 어둡고 음산하다. 핍은 런던이 과대평가되어 있다고 느낀다. 허버트 포켓을 만난 핍은 그가 해비샴 여사의 집에서 보았던 창백한 젊은 신사임을 알아본다. 두 사람은 아주 친해지고, 허버트는 〈흥겨운 대장장이〉[**]라는 음악 작품을 본떠서 핍에게 헨델이라는 별명을 붙여준다. 허버트는 저녁을 먹으면서 간간히 핍의 식탁 예절을 친절히 교정해 주며, 재거스, 해비샴 여사, 에스텔라, 자기 부친, 그리고 자신에 대해 말해 준다.

핍의 후견인 재거스는 해비샴 여사의 변호사이기도 하다. 그는 매슈 포켓이 해비샴 여사와 사촌이기 때문에 서로 알기는 하지만 그다지 친한 편은 아니다. 허버트는 해비샴 여사가 어떤 훌륭한 신사와 결혼하기로 했다가 돈만 사취당하고 버림을 받았다고 설명한다. 그 사내는 해비샴 여사의 의붓동생 아서와 공모를 한 것으로 보인다. 아서는 빚을 지고 있었고, 해비샴 여사를 좋아하지 않았다. 수년 전 해비샴 여사가 입양한 에스텔라는 늘 그곳에 있다. 허버트는 에스텔라를 좋아하지 않는다. 그는 에스텔라가 해비샴 여사를 위해 모든 남성들에게 복수를 하도록 키워진 무정하고 도도한 여자라고 생각한다. 핍은 자신의 유산에 대해 설명하고, 은인이 누구인지 물어서는 안 되는 의무가 있다고 언급한다. 두 젊은이는 그 사람이 해비샴 여사일 것으로 생각한다. 허버트는 회계 사무소에서 일하지만 상선의 보험을 수임해 거금을 쥐려고 하는 야심찬 '자본가'다. 핍은

[**] **흥겨운 대장장이**(Harmonious Blacksmith): 독일 작곡가 헨델의 〈쳄발로를 위한 모음곡〉 제5번 E장조 마지막 곡 〈아리아와 변주곡〉의 별칭.

자기라면 그것을 해낼 수 있을지 의문이다.

다음날 월요일 두 사람은 해머스미스로 가서 매슈 포켓과 다른 가족들을 만난다. 포켓의 많은 자녀들은 포켓 부인이나 유모들로부터 별다른 감독이나 간섭을 받지 않고 자라고 있다. 포켓 부인은 핍을 반기고는 주변은 아랑곳없이 다시 독서를 한다. 핍은 그때 당황하고 어리둥절하는 포켓 씨를 만난다. 그는 아내는 말할 것도 없고 가정사에는 속수무책이다.

핍은 새로운 장소에 익숙해지면서 런던이 과대평가되어 있다는 생각이 든다. 그 저변에는 "내가 이까짓 것 때문에 조와 대장간을 저버렸나?"라는 죄책감이 흐르고 있을지 모른다. 그는 과거의 삶과 이토록 빨리 심리적 거리가 생긴다는 사실에 죄의식을 느낀다. 방금 이곳에 도착했는데도 집을 떠난 지 이미 수개월이 된 듯한 생각이 들기 때문이다. 핍이 악수하려고 손을 내밀자 웨믹이 놀란 것은 런던 생활이 다르다는 것을 다시 한 번 나타낸다. 통상 우정의 표시나 인사 정도로 오가는 기본적인 행위조차 간과되거나 누군가에게 뭔가를 얻으려고 하는 시도로 변질된 것이다.

허버트 포켓과 재거스의 성격에는 결점을 보완해 주는 특성이 있다. 허버트는 자기가 번 돈으로 생활하기 때문에 숙소가 누추하다고 양해를 구하면서 부친의 도움은 받지 않

을 것이라고 말한다. 그는 꿈이 있는 훌륭하고 근면한 사람이
다. 핍은 허버트가 그 꿈을 결코 이루지 못할 것이라고 생각한
다. 꿈을 지닌 사람과 몽상가는 다르다는 점을 모르기 때문이
다. 따뜻한 사람은 아니지만 재거스 역시 정직하고 진정 타인
을 배려한다. 그는 결코 남을 오도하지 않으며 나름대로 도우
려고 노력한다. 핍을 매슈 포켓에게 데려간 것은 포켓의 가게
에 보탬을 주려는 조치이며, 핍이 빚을 지게 될 것이란 장담은
방종에 빠지지 말라는 간접 경고다.

디킨스는 핍과 허버트가 식사하며 나누는 해학적인 대
화를 통해 사회 예절을 묘사한다. 허버트가 양조업자는 그래
도 신사로 여겨지지만 제빵업자는 그럴 가망이 없다고 말할
때 사회 규범 또한 비웃음을 당한다.

주제탐색 부모가 자녀를 대하는 태도에 대한 풍자는 포켓 가정
을 포함해 계속 등장한다. 포켓 부인은 자기 일에만 열
중하고, 포켓 씨는 아이들에게 무관심해서 자녀들은 방치되
고 있다. 비밀스러운 요소는 해비샴 여사의 부친이 아내가 사
망한 이후에 요리사와 은밀히 결혼한 데서 다시 나타난다. 주
목해야 할 새로운 요소로는 재거스의 사무실에 있는 얼굴 석
고상과 웨믹이 사무실과 집에서 보여주는 판이한 모습을 꼽을
수 있다.

Chapters 23-25

제2권 제4 – 6장

　두 얼굴의 웨믹

자신이 상류층 혈통이라고 믿는 포켓 부인은 대부분의 시간을 직함과 귀족에 관한 책을 읽으며 보낸다. 집안일은 모두 하인들이 도맡아 하고, 그것을 기화로 가장 맛있는 음식은 아래층에서 그들 차지가 된다. 포켓 부부는 어린 나이에 결혼했기 때문에 캠브리지 대학 시절 두각을 나타내던 포켓 씨의 장래성은 사그라지고 말았다. 이제 그는 젊은이들을 지도하며 문학 작품들을 편집하고 있다. 포켓 씨의 지도를 받는 두 남자는 벤틀리 드러믈과 스타톱이다. 핍은 시간을 나눠 포켓 부부의 해머스미스 저택과 허버트의 아파트를 오가며 생활하기로 결정한다. 핍은 집안의 다른 신사들과 템스 강에서 보트 타기를 시작한다. 스타톱은 다소 여자 같은 구석이 있지만 명석하고 쾌활하며, 드러믈은 좀 혐오스러운 존재다. 해비샴 여사의 친척인 카밀라 포켓 부부가 매슈 포켓을 방문한다. 핍은 카밀라, 조지아나, 새러가 매슈 포켓을 싫어한다는 것을 알아차린다. 포켓 씨는 핍에게 어떤 직업 훈련을 받는 것이 아니라 잘 나가는 젊은이들 속에서 입지를 지키는 교육을 받게 될 것이라고 말한다.

돈을 받기 위해 재거스의 사무실을 방문한 핍은 재거스의 대인관계에 관한 이야기를 듣게 된다. 웨믹은 사무실에 있는 두 개의 얼굴 석고상은 재거스의 예전 소송 의뢰인들의 얼굴로, 그들이 교수형에 처해진 후 만든 것이라고 말해 준다. 웨믹은 자기 반지들 역시 고인이 된 의뢰인들이 자기들을 기억해 달라고 건넨 선물이라고 밝힌다. 웨믹은 이것들을 '휴대용 재산'으로 여긴다. 웨믹은 핍에게 자기 집으로 한 번 놀러오라고 초대하고, 재거스와 식사할 때는 그의 가정부를 눈여겨보라고 충고한다. 그 가정부는 '길들여진 야수'란 평이 나 있다. 그 후 핍은 웨믹을 따라 판사와 의뢰인 모두에게 겁을 주고 '법정 전체를 맷돌로 갈면서 변호중인' 재거스를 보러 간다.

어느 날 저녁, 핍은 웨믹의 월워스 집에서 식사를 하는데, 여기서 노친네라고 불리는 웨믹의 부친을 만난다. 웨믹은 사무실에서와는 전혀 딴판인 모습으로 공손하고, 밝고, 따뜻하게 아버지를 대한다. 웨믹의 집은 해자[*], 다리, 작은 탑, 그리고 매일 밤 9시에 발사하는 대포를 갖춘 성이다. 집에는 정원, 돼지, 그리고 토끼와 닭들도 있다. 그는 집 안과 마당에서 뭔가를 발명하고 개량하는 일을 계속한다. 핍은 웨믹이 삶을 두 부분으로 나눠놓고 있다고 생각하는데, 다음날 두 사람이 함께 런던으로 걸어갈 때 "더 쌀쌀하고, 엄해지고… 입을 꼭 다문" 그를 보면서 그 생각이 분명해진다.

디킨스는 다시금 부모의 자녀 학대와 사회의 계급 구조를 풍자한다. 포켓 부인은 쓸모없고, 과시적이며 허황된 독서

---

* **해자**(垓字): 성 주위를 둘러싼 도랑못.

에 몰두한다. 자녀들 돌보는 일은 안중에도 없다. 아이들은 곤두박질치고, 핀을 삼키는 등, 재앙 같은 일들을 견디며 자란다. 포켓 부인은 한 이웃이 유모가 그녀의 아기를 때린다는 편지를 보내자 언짢아하며 참견하지 않기를 바란다. 포켓 씨는 아이들은 이를테면 '어쩌다 보니 생긴 것'이어서 그들의 정서적 욕구를 채워줄 만큼 가장으로서의 역할을 하지 못하고 있다.

상류층의 관심사와 하찮은 일에 신경을 쓰는 포켓 부인과는 대조적으로 웨믹은 쥐꼬리만한 수입으로 부친을 부양하려고 노력한다. 생활이 넉넉지 않은 그가 '휴대용 재산'에 관심이 많은 것은 당연하고, 욕심이 많은 것은 아니지만 자기 재정 상태에 대해서는 현실적이다. 디킨스는 웨믹이 단조롭고 따분한 직업에 얽매인 법률 사무소 서기지만 창의적이고 감수성이 예민한 사람임을 보여준다. 먹고 살기 위해 별 수 없이 매일 범죄 속에 파묻혀 살지만 정서적으로 피폐되지 않으려고 가정과 직장을 완전히 분리해 평형을 유지하고 있는 것이다.

이 장들에서는 웨믹의 두 모습과 그가 '런던의' 특성을 지닌 확실한 증표라는 것, 그리고 벤틀리 드러믈과 올릭의 비교 등이 강조된다. 드러믈은 상류층의 올릭 같은 존재로서, 두 사람 모두 퉁명스럽고 음산하다.

Chapters 26-28

제2권 제7 – 9장

조, 런던에 오다

핍, 허버트, 드러믈, 그리고 스타톱은 재거스가 그들을 저녁식사에 초대했기 때문에 사무실에서 그를 만난다. 핍은 이전에 법정 소송이나 의뢰인들 사이에서 재거스가 매우 주의깊게 손을 씻는 세수(洗手) 의례를 하는 것을 본 일이 있다. 오늘 집으로 돌아가기 전, 이 의식은 확대된다. 재거스는 손을 씻을 뿐만 아니라 얼굴도 씻고, 양치질하고, 손톱 밑을 긁어내려고 주머니칼을 사용한다. 그의 집은 장중하지만 도색이 필요하고 창문도 닦아야 한다. 매우 큰 집인데 그는 방을 세 곳만 쓴다. 모든 게 고급이고, 공식적이고, 튼튼하지만 화려하거나 장식적인 것은 없다.

재거스는 그의 저녁식사 손님들의 머릿속으로 들어가 식사, 술, 그리고 대화를 하면서 마치 용의자에게서 자백을 받아내는 것처럼 그들의 성격을 캐낸다. 그는 특히 드러믈에 관심이 있고 그를 '거미' 또는 '얼룩투성이, 퍼진 몸에 뚱한 자'라고 부른다. 재거스는 직접 손님들의 술과 향신료를 챙긴다. 유일한 도움이라면 하녀가 음식을 내놓는 것이다. 핍은 그 이상한 하녀에 대한 웨믹의 말을 기억하고 그녀의 얼굴에 동요하는 빛이 있음을 인지한다. 젊은이들은 과음하고 언쟁을 하면서 자신들의 개인적인 차이를 드러낸다. 9시 30분 정각에 재거스는 할일이 있다고 하면서 나가 저녁식사 초대 손님들을 '씻어낸다'.

핍은 조가 자기를 찾아올 것이라는 쪽지를 받자 걱정하지만, 그가 바나드 여인숙으로 온다고 해서 안도한다. 해머스미스로 찾아오면 드러믈의 비난을 받게 될 것이기 때문이다. 핍은 호화롭게 살고 있고 헤프게 써왔으며 이제는 하인까지 있다. 조가 도착하고, 마음이 편치 않다. 조의 옷은 어울리지 않으며, 들어오기 전에 아주 오랫동안 발을 닦고 자기 모자를 안절부절못하며 만지작거리고(모자는 계속 바닥에 떨어진다), 핍을 계속 '나리'라고 부른다. 아파트가 인접해 있는 것을 알고서 그는 그들이 어떻게 건강을 유지하는지 의문을 갖고 자기는 거기에서 돼지를 키우지 않을 거라고 덧붙인다. 그가 포크, 음식, 그리고 식탁 예절과 씨름하는 것을 본 핍은 당황한다. 마지막으로 조는 해비샴 여사가 보낸 전갈을 전한다.

에스텔라가 돌아왔고 핍을 만나면 기뻐할 것이라고 쓰여 있다. 조는 자신과 핍이 런던에 함께 있어서는 안 된다는 것을 인정하고는 즉시 떠난다. 죄책감이 든 핍은 조를 조금도 편안케 해주지 못했음을 깨닫고 그를 따라간다. 하지만 조는 사라졌다.

핍이 마차를 타고 고향으로 오는데 마차에는 헐크스로 이송되고 있는 두 명의 죄수가 같이 타고 있다. 그들은 핍을 알아보지 못하지만 핍은 그들 중 한 사람이 졸리 바지멘에서 1실링과 1파운드 지폐 두 장을 건네준 사내라는 것을 알아본다. 그는 그들이 나누는 얘기 중에 핍의 죄수가 무기징역수가 되었다는 것을 우연히 듣는다. 그들은 블루 보어 여관에 도착하고 핍은 그곳에 머물기로 결정한다. 그는 조를 만날 계획이었지만 조를 피하려는 구실을 계속 찾는다. 웨이터가 핍에게 펌블축에 관한 신문기사를 건네주는데 그는 또다시 자기가 핍의 최초의 은인이라고 주장한다.

재거스의 집이 어둑어둑하고, 기본 비품만 갖춰져 있으며, 방은 세 개만 쓴다는 사실은 그가 합리적이고 기능을 중시하는 꾸밈없는 사람임을 보여준다. 저녁식사에서 재거스는 그 젊은이들의 심리상태를 파헤치고, 그들의 결점을 드러내게 한다. 특히 드러믈에 대해서는 흥미가 남다르다. 나중에 재거스는 핍에게 드러믈이 '거짓말을 못하는 부류'여서 마음에 든다고 말한다. 그가 드러믈에게 갖는 관심은 그의 직업과 관련이 있는 듯하다. 재거스는 난폭하고, 제멋대로 행동하는 범죄자들을 접하면서 매일 인간성의 원초적인 측면과 맞닥뜨린다. 재거스는 집안 배경에도 불구하고 드러믈을 그들과 같은 족속으로 보면서 곤충을 해부하는 사람처럼 흥미롭게 여긴다. 거미에 대한 언급은 드러믈의 약탈적인 성격을 암시한다. 재거스는 핍에게 그를 멀리하라고 경고하면서 아버지 같은 관심을 보인다. 조직적이고 계획적인 재거스는 저녁식사를 9시 30분에 끝내고 다시 일을 시작하려고 한다. 핍은 재거스가 손 씻는 모습을 보면서 자기들에게서 손을 뗀다고 생각한다. 그에게 손 씻기, 양치질, 손톱 다듬기 의식은 사무실의 범죄 세계 속에서 살아가면서 생기는 애착으로부터 자신을 분리시키는 방식처럼 보인다.

재거스에게 꼼짝 못하는 야성적인 하녀도 흥미롭다. 팔목의 흉한 상처는 그녀의 과거를 여실히 증명해 주지만 겁먹은 모습으로 재거스의 명령 하나하나를 기다린다.

조의 방문은 조와 핍 모두에게 악몽이다. 조는 예의를 갖추려고 불편한 정장을 입고 있다. 그가 핍을 '나리'라고 부르자 핍이 짜증을 낸다. 게다가 조는 계속 안절부절못하고 모자를 만지작거린다. 조의 촌스러움은 구두약 창고 견학을 런던 구경으로 여기는 것과 식탁 예절에서 드러난다. 하지만 조는 어수룩한 사람이 아니며, 소신도 있고 화를 낼 줄도 안다. 커피를 대접받자 홍차를 더 좋아한다고 정중히 말하고, 펌블축이 어린 시절 핍의 놀이동무인 척하면서 돌아다닌다고 화를 낸다. 사실 놀이동무는 조였다. 그리고는 "나리, 그건 지금은 별로 의미가 없어요"라고 덧붙인다. 조는 세상이 바뀌었고, 과거는 흘러갔으며, 그런 것은 이제 핍에게 더 이상 아무런 의미가 없다는 사실을 아는 것이다. 조가 그들의 아파트에다 돼지를 키우지는 않을 것이라고 말하자 핍이 짜증을 부린다. 그는 핍에게 그들 두 사람이 런던에서 함께 지낼 수 없다는 것을 알고 있고, 두 번 다시 이런 옷을 입은 모습은 보이지 않겠다고 말하고, 당당하게 그곳을 떠난다. 런던은 자기에게는 어울리지 않지만, 핍은 언제든 부담 갖지 말고 대장간으로 자기를 보러 와도 된다고 한다. 조는 대장간에 있어야 더 좋은 평가를 받을 수 있다는 점을 정확히 인지한다.

주제 탐색 죄의식, 수치, 자만심, 속물근성이 모두 핍의 마음속에 흐르고 있다. 핍은 재거스의 집 저녁식사에서 허버트의 품위를 떨어뜨리며, 자기를 방문한 조에게도 마찬가지로 군다. 핍은 조의 뒤를 따라 뛰어가면서 품위를 회복하고 성찰할 수 있는 순간이 있었지만 그것도 소용없다. 조는 이미 떠났고, 사과하기에는 너무 늦고 말았다.

Chapters 29-31

제2권 제10 – 12장

장래에 불안을 느끼는 핍

핍은 해비샴 여사가 자기를 입양해 에스텔라와 결혼시키려 한다고 확신한다. 그리고 자신을 그 집과 그들의 삶에 햇살이 들게 하는 번쩍이는 갑옷을 입은 기사로 여긴다. 올릭은 지금 해비샴 여사의 문지기로 일하고 있다. 핍은 올릭이 벽난로 위에 놓인 청동 장식의 개머리판이 있는 장전된 총을 가리킬 때 불안감을 느낀다. 에스텔라는 이전보다 훨씬 더 아름다워졌다. 핍은 다시 그곳과 예전의 분위기에 매료된다. 에스텔라가 핍에게 옛 친구들이 그의 새로운 모습을 받아들이지 못할 것이라고 말하자 핍은 조를 피해야겠다는 생각을 굳힌다. 그녀는 이어 자기는 그 누구도, 핍조차도, 사랑하지 않으며 진심이라고 경고한다. 그러나 핍은 해비샴 여사의 휠체어를 밀고 이 방 저 방을 돌면서 그녀를 향한 마음이 더욱 강렬해진 것을 느낀다. 해비샴 여사는 복수극을 한껏 즐기며 에스텔라가 그를 어떻게 대하든 사랑을 놓지 말라고 부추긴다. 새러 포켓이 재거스와 함께 만찬을 하기 위해 당도한다. 그녀는 아직도 핍을 몹시 시기한다. 핍이 그곳을 떠나기 전, 해비샴 여사는 에스텔라가 런던으로 갈 것이라고 하면서, 그때 그녀를 데려갈 수 있도록 시간을 알려주겠다고 말한다.

다음날 아침, 핍은 재거스와 아침을 먹으며 올릭에 대한 두려움을 토로한다. 재거스가 올릭을 해고하기로 결정하자 핍은 마음이 불편하다. 핍

은 런던 행 마차를 타러 가다가 트랩의 사환을 우연히 만난다. 그 사환은 행인들 앞에서 핍을 조롱하며 핍에게 이목을 집중시킨다. 그 자리를 간신히 벗어난 핍은 런던으로 돌아와 그토록 형편없는 조수를 고용하고 있는 사람과는 거래를 끊겠다는 편지를 트랩에게 쓴다. 또한 조에게 양심의 가책을 느낀 핍은 사과의 뜻으로 대구와 굴 한 통을 보낸다. 허버트가 핍에게 에스텔라를 쫓아다니지 말라고 설득하지만 소용이 없다. 여느 때처럼 핍은 에스텔라가 자기와 맞지 않는다는 것을 알면서도 그녀를 놓을 수 없다. 허버트는 핍에게 돈 때문에 약혼녀 클라라와 결혼하지 못하는 경위를 얘기한다. 핍 역시 은인이 누구인지, 받을 돈이 얼마인지, 그리고 정식 교육을 받지 못한 그가 그 돈을 잃으면 무슨 일을 하게 될지 모르기 때문에 나름의 돈 걱정이 있다. 침울한 마음을 달래기 위해 두 사람은 웝슬의 연극 공연을 보러 나간다.

웹슬의 연기로 시작되는 장은 디킨스가 재미를 살리려고 삽입한 촌극이다. 웹슬의 역할은 그런 식으로 이어지다가 소설 후반부에 가서 핍에게 컴페이슨의 추적을 경고한다. 핍은 옛 분위기에 매료되고, 자신을 '어두운 방에 햇살을 들게 하고, 시계를 계속 가게 하고, 차가운 벽난로를 타오르게 하는' 낭만의 기사로 여긴다. 그러면서 돈을 잃는 상황에 대해서도 걱정한다. 돈이 없으면 지탱할 수 없고, 돈은 에스텔라를 차지하는 열쇠라고 믿기 때문이다.

핍은 에스텔라에게 사로잡혀 있다. 핍 자신도 허버트도 알고 있지만 그것을 막을 수 있는 것은 없다. 이것은 중독이지 사랑이 아니다. 사랑에 대한 해비샴 여사의 정의가 가장 좋은 실마리다. 그녀가 설명하는 것은 역겨운 의존이지, 진정한 사랑이 아니다. 이 노파는 에스텔라에 대한 핍의 반응에 한껏 즐거워한다. 에스텔라가 아름답다는 것은 의문의 여지가 없다. 재거스까지도 카드놀이를 하면서 에스텔라를 슬쩍 곁눈질할 정도다. 핍은 해비샴 여사의 비위를 맞추고 에스텔라를 사랑하는 것 말고는 삶의 목표가 없기 때문에 자기만의 정체성이 없다. 그는 그들의 눈밖에 나지 않으려고 조를 무시한다.

핍은 '멀리 떨어져서' 사람들을 다루는 겁쟁이다. 그는 고향에 있을 때는 조를 피한다. 그것이 마음에 찔려 나중에 굴

한 통을 보냄으로써 자기 양심을 다독인다. 그는 올릭을 제거하는 데도 성공하지만 그 궂은 일을 하는 사람은 재거스이다. 트랩의 사환에 대한 불평은 편지로 쓴다. 핍은 자기가 상처를 주는 사람들이나 행동의 결과에 용감하게 맞서지 않으며, 설사 그렇게 하더라도 희생자처럼 행동한다. 핍이 자기 하인에 대해 불평할 때도 주인은 하인이지 핍이 아닌 것처럼 들린다. 그에 비하면, 핍에게 자기를 사랑하지 말라고 경고하는 에스텔라는 솔직한 편이라고 하겠다.

Chapters 32-34

제2권 제13 - 15장

 **너와 나는 꼭두각시**

　　핍은 에스텔라를 만나기 위해 역마차 매표소에 다섯 시간 일찍 도착한다. 마침 웨믹이 지나다가 핍에게 뉴게이트에 같이 가자고 권한다. 뉴게이트에서 핍은 죄수들의 환경이 좋지 않다는 것을 알게 된다. 웨믹은 정원사가 식물을 돌보듯이 자기를 찾는 많은 사람들을 돌본다. 핍은 웨믹이 의뢰인과의 관계에 일말의 인간미를 불어넣는 사람이라고 생각한다. 그는 수임료를 낼 수 없는 의뢰인들에게 다른 변호사를 찾으라고 말할 때도 의뢰인들을 배려하고, 헛된 희망을 조장하지 않는다. 의뢰인 중 한 사람인 대령은 재거스조차 손을 쓸 수 없을 정도로 불리한 증거가 너무 확실해서 처형될 날만 기다리고 있다. 그는 웨믹이 자기를 기억할 수 있도록 반지를 하나 살 만한 돈이 있으면 좋겠다고 말한다. 웨믹은 비둘기 또한 휴대용 재산이니까 그의 비둘기들 중 두 마리를 달라고 한다. 핍은 간수들이 웨믹을 대하는 태도와 재거스에게 갖는 존경심에 감명받는다. 하지만 역마차 매표소로 돌아와서는 자기만의 천사 에스텔라의 면전에서 범죄로 더럽혀진 느낌이 들어 그 여행을 후회한다.

　　에스텔라는 마치 계획이나 한 듯이 그들이 할 일을 사무적으로 열거하면서 핍에게 이래라 저래라 한다. 그녀는, 실은 그들이 하고 싶은 대로 할 만큼 자유로운 처지가 아니라고 말한다. 핍과 에스텔라는 그녀가 묵을

곳으로 향하면서 해비샴 여사의 친척들에 관해 얘기를 나눈다. 핍은 그녀가 그들에게 강한 반감을 갖고 있다는 것을 알게 된다. 그들은 그녀의 어린 시절을 불행하게 만든 것이 분명했다. 에스텔라는 핍을 시기하면서도 아주 비참해 하는 그들을 보며 핍에게 고마워한다. 하지만 그녀는 다시금 자기에게 애착을 갖지 말라면서 두 사람은 꼭두각시에 불과하다고 주의를 환기시킨다.

핍과 허버트는 '숲속의 방울새'라는 무능한 남자들의 모임에 가입했다. 그들이 모여서 하는 짓이라곤 값비싼 저녁을 먹고 논쟁을 벌이는 것이다. 막대한 빚을 지고 있는 핍과 허버트가 주기적으로 빚 때문에 공포에 떤다. 핍은 자기가 허버트를 몰락시키고 있으며, 이 속도라면 허버트의 꿈은 결코 이루어지지 않을 것임을 깨닫는다. 또한 그들이 친한 친구이기에 망정이지 그렇지 않으면 서로를 증오하게 되리란 것도 안다. 핍은 좌절감을 어벤저라는 사환에게 푼다. 핍에 따르면 이 친구는 음식만 축낸다. 오늘 아침 그 소년이 저지른 잘못이라면 핍에게 아침식사로 롤빵을 내온 것뿐이지만 핍은 그의 멱살을 잡아 올려 버둥거리게 만든다. 이 장은 트랩의 전갈로 막을 내린다. 조의 아내가 세상을 떠났으니 다음 주 월요일의 하관식에 참석하라는 내용이다.

역마차 매표소 밖에서 웨믹과 우연히 마주친 핍은 웨믹의 집과 그의 늙은 아버지에 관해 묻는다. 웨믹은 대충 언급하고는 핍에게 '그런 얘기는 런던에서는 하지 않는다'는 점을 상기시킨다. 그는 단호하게 자신의 두 생활을 구분한다.

 디킨스는 웨믹이 옥중에서 의뢰인들과 얘기하는 모습을 보여주면서 매우 효과적인 은유를 구사한다. 웨믹은 정원사이고, 감옥은 온실이며, 죄수들은 각종 식물이고, 대령은 죽은 식물이다. 감옥에서 나도는 재거스의 명성은 핍을 감동시키기도 하고 겁나게도 한다. 때때로 그는 덜 유능한 보호자가 있으면 더 좋겠다고 생각한다.

핍은 언제든지 에스텔라가 관심을 보이면 이성을 잃는다. 그녀가 런던에 온다는 소식을 듣고는 새 옷을 몇 벌 맞출 시간이 없음을 유감스러워하고, 5시간이나 일찍 마중을 나간다. 감옥과 범죄의 그림자는 계속 그를 괴롭히고, 뉴게이트를 다녀온 후에는 에스텔라를 만나면서 자신이 오염되었다는 느낌을 갖기도 한다. 그는 에스텔라에게 홍차를 가져오는 웨이터를 깔보면서 기분이 나아진다. 그는 에스텔라가 자기에게는 어울리지 않는다는 것을 계속 깨닫고, 함께 하는 모든 일이 고통스럽기만 하다. 항상 그녀와 함께 있기를 꿈꾸지만, 정작 같이 있게 되면 그야말로 고통 그 자체다. 에스텔라는 여전히 핍에게 직설적으로 경고한다. 해비샴 여사의 친척들을 불행하게 만들어주어서 고맙다는 그녀의 말에서는 핍에 대한 야릇한 마음과 불행한 어린 시절을 엿볼 수 있다.

아이들을 학대하는 부모들에 대한 풍자도 계속된다. 포켓 부인은 아기가 핀을 삼킨 것 같은데도 아기의 건강에는 관심이 없는 것 같다. 낭비로 자금 압박을 받는 핍은 사환인 어벤저에 대해 끊임없이 불평하고, 마치 자기가 희생자인 양 행동한다. 그리고 빚 때문에 좌절감이 극에 달하던 어느 날 누나처럼 폭력성을 드러내면서 소년의 멱살을 잡고 흔든다.

감옥 개혁에 관한 사회적 주제는 뉴게이트의 상황에 대한 묘사로 암시된다.

Chapters 35-37

제2권 제16 – 18장

 성인이 되는 핍

핍은 트랩 씨가 주관하는 누나의 장례식에 참석한다. 장례식은 어른들이 턱 밑에 커다란 나비넥타이를 매고 외투를 둘러쓴 우스꽝스러운 모습으로 거행된다. 조는 식사중에 칼과 포크를 제대로 사용하려고 신경 쓰지만, 파이프 담배를 피우러 핍과 밖으로 나가자 긴장을 늦춘다. 핍이 이전에 쓰던 작은 방에서 묵겠다고 하자 조가 기뻐하고, 핍도 그렇게 말하기를 잘했다고 속으로 흐뭇해 한다. 비디와 잠시 대화를 나누게 된 핍은 왜 편지를 하지 않았느냐고 하면서 약간 언쟁을 벌인다. 그녀는 그를 계속 핍 씨라고 부른다. 그녀는 올릭이 채석장에서 일하고 있으며, 그들 주위를 배회하면서 지켜보고 있다고 말한다. 핍이 조를 더 자주 보러 오겠다는 의중을 내보이자 그녀가 의문을 제기하고, 둘은 다툰다. 다음날 핍은 그녀에게 마음이 상했다고 말한다. 그러나 마을을 떠나면서 그녀의 말이 옳을지 모른다는 생각을 한다.

런던에 돌아온 핍은 성인이 된다. 재거스는 핍을 사무실로 부른다. 그는 핍에게 그의 빚에 대해 알고 있다고 말하고, 후원자가 보낸 생일 기념 500파운드권을 건넨다. 이어 핍의 씀씀이를 지적하면서 후원자가 신분을 밝힐 때까지 분기당 용돈으로 125파운드를 받게 될 것이라고 말해준다. 그 시점이 되면 재거스의 관여는 끝난다. 재거스가 핍의 생일을 축하하려고 아파트로 저녁식사를 하러 오자 핍과 허버트는 우울하고 죄스러운 마음을 갖는다.

핍은 돈의 일부를 허버트가 시작하는 사업에 쓸 생각을 갖고 있다. 사무실에서 웨믹에게 그 문제를 의논했던 핍은 그 친구를 돕느니 차라리 다리 위에서 돈을 강물 속으로 던지는 쪽이 낫다는 말을 듣는다. 핍은 웨믹에게 조언을 구하기 위해 일요일에 그의 집을 찾아간다. 그곳에서 핍은 웨믹이 법률사무소 서기가 아니라 포도주 통 제조업자 훈련을 받았다는 것을 알게 되고, 웨믹의 여자 친구 스키핀스 양도 만난다. 웨믹은 허버트를 돕겠다는 핍의 생각에 찬성하고, 회계사인 스키핀스 양의 남동생에게 연락하기로 한다. 웨믹은 이것이 뉴게이트의 거미줄을 쓸어내는 데 도움이 될 것이라고 말한다. 얼마 후 그들은 클래리커라는 상인과 선을 대고, 클래리커는 이내 허버트를 자기 회사로 영입한다. 모든 일은 허버트가 모르게 진행된다. 내레이터 핍은 이 이야기의 전환점을 암시하면서 장을 마친다.

: 풀어보기

문학적 장치 핍이 은밀하게 클래리커의 사업에 허버트를 끌어들이는 데서 이 작품의 특징 가운데 하나인 비밀스러운 요소가 나타난다. 핍과 허버트가 생일 만찬 때 재거스 앞에서 우울하고 죄를 지은 것 같은 느낌이 들 때 또 한 요소인 죄의식도 나타난다. 죄는 지은 게 분명하지만 도무지 뭔지 모르겠다는 허버트의 말이 그 상황을 잘 설명해 준다.

불길한 사건이 임박했다는 느낌은 올릭이 대장간 가까이 어두운 곳에 숨어 있으면서 핍과 비디의 뒤를 밟는 것으로 암시된다. 올릭은 뭔가 좋지 않은 일을 준비하고 있는 것 같다.

선과 악의 근원인 돈도 쟁점이다. 돈은 핍이나 허버트에게 거의 도움이 되지 못했다. 두 사람은 거액의 빚을 졌고, 그로 인해 허버트의 꿈이 무너질 것만 같다. 하지만 핍은 장점이 있다. 허버트를 망치는 주범이 자기라고 생각하고 허버트가 사업을 시작할 수 있도록 주선해 상황을 호전시키려고 하는 것이다.

핍의 스물한 번째 생일날, 재거스는 핍에게 빚에 대해 주의를 주고, 이제는 성인이 되었으므로 일을 책임지고 처리하라고 말한다. 핍은 증인석에 앉은 기분이 든다.

변치 않는 우정과 배신의 관계는 핍, 조, 비디 사이에 여전히 작용하고 있다. 누나의 장례식에 참석한 핍은 예전의 자기 방에 머물게 해달라는 말로 조를 기쁘게 한다. 조가 핍이 가까이 있으면 은식기를 사용하는 데 매우 신경을 쓰고 핍을 줄곧 ‘나리’라고 부르는 모습을 통해 옛날 관계가 강조된다. 앞으로 자주 조를 찾겠다는 핍의 말은 진심이기 때문에 비디가 그 말에 의문을 제기하자 화를 낸다. 하지만 핍은 마을을 떠나면서 비디의 말이 옳을지도 모른다고 생각한다. 비디는 핍이 어떤 사람인지 알고 있는 것이다.

핍이 허버트의 사업을 돕기 위해 조언을 구할 때 웨믹

의 두 모습이 다시 나타난다. 런던과 월워스, 재거스와 늙은 아버지처럼, 전문가의 조언과 사적인 조언이 그것이다. 웨믹은 핍에게 두 장소를 분리하는 자신의 법칙을 확대 적용하면서도 런던에 있는 동안 허버트를 위해 사업상 세세한 부분을 돕는다.

Chapters 38, 39

제2권 제19, 20장

 **유산 제공자가 핍 앞에**

핍을 대하는 에스텔라의 태도는 변함이 없고, 자기에게 빠지지 말라는 경고도 계속된다. 그녀는 핍을 제외한 모든 남자들을 속이고 함정에 빠뜨린다는 말도 한다. 핍은 새티스 하우스를 방문하는 에스텔라와 몇 차례 동행하지만 해비샴 여사의 불타는 복수심과 에스텔라의 무관심 때문에 고통받는다. 핍은 해비샴 여사가 복수를 마무리할 때까지는 에스텔라를 자기에게 주지 않을 것이라고 결론짓는다. 그러던 어느 날, 핍은 두 여자의 언쟁을 목격한다. 에스텔라가 해비샴 여사의 집착에 질린 나머지 조목조목 따지고 들자, 해비샴 여사의 기분이 상한 것이다. 해비샴 여사는 배은망덕하고 무정하다고 나무라고, 에스텔라는 감사하며 시키는 대로 해왔지만 받지도 않은 사랑을 달라고 하면 그건 자기로서도 불가능하다고 대꾸한다. 해비샴 여사의 모습은 비참하다. 그 후 두 여자는 언쟁을 하지는 않지만 해비샴 여사도 일말의 두려움을 느낀다는 것이 감지된다. 런던으로 돌아온 그는 드러믈이 에스텔라에게 구애중이라는 사실을 알고 심란해 한다.

23세가 된 핍은 포켓 씨의 가르침에서 벗어나 템스 강과 가까운 템플에 방을 얻어 허버트와 함께 산다. 그 건물에는 주로 변호사와 법학도들이 거주하고 있다. 그는 독서 이외의 일에는 집중할 수가 없고, 자신의

미래와 재산을 생각하면 초조하고 불안하다. 클래리커와 손발이 잘 맞는 허버트는 지금 마르세유 출장중이다. 음산하고, 춥고, 폭풍이 몰아치는 날씨가 계속된다. 그러던 어느 날, 특히나 날씨가 고약한 밤에 낯선 사내가 핍의 집에 도착한다. 그는 핍의 이름을 알고 있으며, 핍을 보자 반가워한다. 겁을 먹고 있던 핍은 그가 수년 전의 죄수임을 알아보고 역겨움을 느낀다. 그 죄수는 핍이 잘 자라 어엿한 신사가 되어 있는 모습을 보고 흥분한다. 그에게 떠날 것을 요구하던 핍은 그의 눈물을 보고는 태도를 누그러뜨리며 마실 것을 권한다. 그 죄수는 자기가 핍의 유산 제공자이며, 핍이 습지에서 도와준 것에 대한 보상이라고 밝힌다. 그는 핍을 순탄한 상류 생활을 하는 신사가 되게 하고 싶었다. 핍은 반감이 생기면서 우울해진다. 그는 이제 해비샴 여사가 자신의 후원자가 아니고, 에스텔라는 결코 자기 여자가 될 수 없다는 것을 깨닫는다. 그리고 무엇보다도 죄수의 돈 때문에 조를 저버렸다는 사실이 가장 마음에 걸린다. 또한 그 죄수가 핍을 보러 영국에 돌아왔으며, 붙잡히면 교수형을 당할 것이기 때문에 두렵다.

이 장들은 '돈이 힘'이라는 주제가 지배한다. 핍은 에스텔라를 새티스 하우스로 데려다 주고, 비용은 그녀가 댄다. 그렇게 함으로써 에스텔라는 주도권을 잡고, 신세를 지지 않게 되는 것이다. 따라서 누구든 돈이 있는 자가 지배력을 갖는다. 그 죄수는 핍에게 돈을 제공했기 때문에 힘이 있다. 그 돈으로 핍은 순탄한 생활을 했고, 직업을 갖기 위한 준비는 필요 없었다. 핍은 그 돈에 전적으로 의존했고, 에스텔라를 차지하려고 맹목적으로 돈을 쫓다가 조를 잃었다. 결국은 조와 죄수를 맞바꾼 셈이다. 죄의식과 수치심으로 핍은 어찌할 바를 모른다.

이 장들에서는 불길한 사건을 암시하는 전조를 여러 차례 보여준다. 매그위치도 후원자라고 밝히기 전에 핍이 자신의 존재를 추측할 수 있도록 많은 암시를 준다.

망상에 사로잡힌 해비샴 여사에 대한 묘사는 계속된다. 그녀 역시 자기 광기의 제물이 된다. 에스텔라는 그녀와 핍에게 자기는 아무도 사랑할 수 없다고 말한다. 왜냐하면 그렇게 교육을 받아왔기 때문이다. 해비샴 여사는 그 복수의 무기에 핍은 물론, 자기도 상처를 입게 되리란 생각은 하지 못했다. 에스텔라는 해비샴 여사에게 충실하고, 감사하며, 관대하고, 순종적이지만 그녀를 사랑할 수는 없다. 해비샴 여사는 이제 자신이 만든 그 복수의 무기를 두려워한다. 핍에 대해서 에스텔라는 자신만의 관심과 공평함을 보여주는데 이는 일종의 의리다. 그녀는 다른 남자들과는 달리 핍을 이용하지 않으며, 핍에게 실망을 안겨주지 않으려고 계속 경고를 보낸다. 핍은 그녀와 함께 있으면 항상 비참한 기분이 들지만, 그 상황에서 벗어날 수 없다. 또한 핍은 해비샴 여사가 필사적으로 에스텔라에게 집착하는 모습도 역겹다. 어느 순간, 그는 자신의 집착이 어둡고 병적이라고 생각하며, 의존적이고 조종당하는 느낌을 가지면서도 벗어나지 못한다. 그는 드러믈이 에스텔라를 만난다고 하자 분개한다.

Chapters 40-42

제3권 제1 – 3장

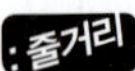

매그위치의 지나온 삶

핍의 마음속에서는 죄수에 대한 혐오감과 자신의 안전에 대한 우려가 교차한다. 죄수가 핍의 아파트에 도착하던 밤에 누군가 그 죄수의 뒤를 밟은 게 분명하다. 나중에 핍은 아파트 계단 밑에 숨어 있는 누군가와 맞닥뜨리기도 한다. 핍을 보기 위해 영국에 왔다는 그 죄수는 자기가 만들어낸 신사 핍을 대견스러워한다. 핍은 그에게 위험에 처했으니 함께 숨어야 한다고 말한다. 죄수는 핍에게 아벨 매그위치라고 이름을 밝히고, 이번 여행에서는 '프로비스'란 이름을 쓰고 있으며, 사람들에게는 자기를 삼촌이라고 말하는 게 좋겠다고 넌지시 말한다.

핍은 조언을 구하려고 재거스를 찾아간다. 재거스는 그들이 고발당하지 않도록 핍에게 '매그위치'가 영국에 있다는 말을 하지 말라고 주의를 주고, 그에 관한 사실은 알고 싶지 않으니 더 이상 이야기하지 말라고 한다. 그리고 매그위치가 핍의 후원자라는 사실을 확인해 준다. 그 변호사는 그 동안의 경과와 청구서를—'프로비스'란 사람에게 전할 수 있도록—핍에게 송부하든가, 아니면 뉴사우스 웨일스에 있는 매그위치에게 우편으로 보내겠다고 말한다.

핍은 매그위치를 위해 부근에 아파트를 마련하고 변장을 위해 옷가지를 주문한다. 하지만 매그위치가 무엇을 입건, 온몸에 '죄수'라고 쓰여 있다. 허버트가 돌아오자 핍은 몹시 반가워한다. 죄수는 허버트에게 비밀을 지킬 것을 서약하게 하는데, 허버트의 표정으로 보아 핍과 같은 생각을 하고 있는 것이 분명하다. 나중에 죄수가 그의 숙소로 돌아가자 핍과 허버트는 앞일을 의논한다. 핍은 더 이상 그 죄수의 돈을 받아서는 안 되며, 가능한 한 빨리 그를 영국 밖으로 나가게 해야 한다는 데 의견이 일치한다. 그들은 이런저런 계획을 세우던 중, 매그위치로부터 살아온 이야기를 듣게 된다. 어릴 적에 버려진 그는 떠돌이 생활, 구걸, 도둑질 등으로 연명하며 감옥을 제 집 드나들 듯 하면서 살아왔다. 그는 아서와 컴페이슨이라는 자와 만났던 때를 회상한다. 피도 눈물도 없는 협잡꾼 컴페이슨은 오래 전 부유한 숙녀의 돈을 사취한 적이 있다. 그들은 훔친 수표를 유통시킨 혐의로 체포되고, 모든 죄는 배우지 못하고 전과가 많은 매그위치가 덮어썼다. 변호사를 고용한 컴페이슨은 매그위치를 도울 수 있었지만 등을 돌린다. 매그위치는 그의 '머리통을 박살내겠다'고 다짐했다. 두 사람은 같은 감옥선에 수감되었다가 탈출했고, 그때 핍을 만난 것이었다. 그리고 싸우다가 붙잡힌 매그위치는 무기징역에 처해져 추방되었지만 컴페이슨은 가벼운 형을 받았다. 허버트는 핍에게 해비샴 여사의 남동생 이름이 아서였고, 컴페이슨이 그녀를 버린 사내였다고 말한다.

문학적 장치 웨믹과 재거스는 매그위치가 나타났다는 사실을 알면서도 프로비스를 분명 '호주'에 있는 매그위치의 대리인이라고 지칭하면서 법망에 걸려들지 않으려는 모습을 보여준다. 그들은 매그위치에 대한 핍의 이야기조차 더 이상 듣고 싶어하지 않을 정도로 용의주도하다. 누군가 매그위치의 뒤를 밟아 핍의 아파트까지 왔고, 지금 그들을 지켜보고 있다고 핍이 의심하면서 불길한 사건들이 예고된다.

매그위치의 마음속에는 선과 악이 뒤섞여 있다. 일부는 보상이고, 일부는 복수다. 그는 몇 년 전 핍의 도움에 감사하며 순탄한 삶으로 보상한다. 그가 핍의 손을 잡는 방식까지도 펌블축의 '…해도 되겠습니까?'보다 훨씬 더 진심에서 우러나온다. 하지만 매그위치 역시 '비천'하다. 그는 자기처럼 천한 인물도 훌륭한 신사가 될 수 있다는 것을 보여주고 싶어한다. 핍을 자랑함으로써 세상에 복수를 하는 것이다.

매그위치의 돈에 대한 핍과 허버트의 반응은 흥미롭고 다소 속물스런 구석이 있다. 핍은 기본적으로 의존적이며, 누군가의 돈으로 살고 있다. 그게 누구의 돈인지는 그리 중요하지 않을 것이다. 그러나 핍은 정직하게 번 돈일지라도, 그 죄수의 것은 도저히 받을 수 없을 것만 같다. 마침내 핍은 돈보다는 더 고귀한 동기에서 자립하고 남을 배려하기로 작정한다. 그러나 선물의 제공자가 누구냐에 따라 받지 않으려 하는 것은 순전히 속물근성이다.

디킨스는 핍의 생각과 감정을 나타내기 위해 매그위치가 게걸스럽게 음식을 먹는 모습과 재거스의 사무실에 있는 석고 얼굴을 활용하는 솜씨를 보여준다.

Chapters 43-45

제3권 제4 – 6장

해비샴 여사의 변화

매그위치를 나라 밖으로 보내기 위해 떠나기 전, 마지막으로 핍은 에스텔라와 해비샴 여사를 찾아간다. 블루 보어에서 드러믈과 만난 핍은 그가 에스텔라와 저녁식사를 할 것이라고 자랑하자 화가 난다. 새티스 하우스에서는 놀라운 듯 핍을 맞이하고, 그는 즉시 방문 목적을 말한다. 이제는 자기 은인이 누구인지 알았다. 그러나 자신의 지위나 명성, 부에 아무런 보탬이 되지 않을 것이다. 해비샴 여사는 자기가 유산 제공자라고 믿게 만들어 내게 마음의 상처를 주었다. 견습공으로서 공정한 대우를 받았지만 결국은 그녀의 친척들을 적대시하려는 그녀 손에 놀아난 것이다, 등등. 해비샴은 화난 눈초리로 핍을 쳐다보면서 스스로가 덫을 만든 것이라고 말한다. 핍은 그녀에게 허버트와 매슈 포켓이 다른 친척들과는 대조적으로 얼마나 존경할 만한 사람인지 말해 준다. 그리고는 이제 더 이상 유산을 받을 수 없다고 하면서, 해비샴 여사에게 나머지 돈을 비밀리에 허버트의 사업에 제공해 주었으면 고맙겠다고 말한다.

이어 에스텔라에게는 그녀를 결코 갖지 못하리라는 것을 알고 있고, 해비샴이 잘잘못을 모르고 한 행동이라고 믿기 때문에 해비샴을 탓하지도 않는다고 말한다. 에스텔라가 드러믈과 결혼할 것이라고 말하자 핍은 제발 다른 사람, 적어도 그녀를 차지할 가치가 있는 사람과 결혼하라고 간청한다. 에스텔라는 동요하지 않지만 해비샴 여사의 얼굴은 돌연 충격, 연민, 회한으로 가득 찬다. 그곳을 나온 핍은 런던으로 돌아가기로 한다. 자정쯤에 템플에 도착한 그는 집으로 가지 말라는 웨믹의 쪽지를 받는다.

핍은 코벤트 가든의 허멈즈에서 잠 못 이루는 밤을 보낸다. 그는 아침 일찍 웨믹의 집으로 향한다. 웨믹은, 감시당하며 위험에 처한 사람이 있어 허버트와 함께 허버트의 약혼녀가 사는 집으로 그를 옮겼다고 말하고, 넓은 도시에 숨어 지내다가 사태가 가라앉으면 탈출시키라고 조언한다. 그리고 오늘밤만 그곳을 방문하되 휴대용 재산을 손에 넣으라고 말한다. 핍은 웨믹을 다그쳐 컴페이슨이 런던에 살고 있다는 것을 확인한다.

디킨스는 드러믈과 핍을 블루 보어의 벽난로 앞에서 힘겨루기를 하는 어린아이들처럼 만들어놓고 그 상황을 즐긴다. 또한 드러믈이 자기 말(馬)을 잔인하게 다루는 것을 통해 그가 맞을 죽음의 유형을 암시한다.

디킨스는 허멈즈에 있는 침대를 방 안의 다른 가구들을 모두 밀쳐내는 포학한 괴물처럼 묘사함으로써 사물을 통해 감정을 나타내고 있다.

올릭은 여인숙 밖에서 드러믈의 여송연에 불을 붙이며 다시 모습을 나타낸다. 구체적인 언급은 없지만 구부정한 어깨와 텁수룩한 머리가 올릭을 암시하면서, 핍이 점점 죄어오는 악에 둘러싸이고 있다는 느낌을 준다. 이러한 분위기는 웨믹이 핍에게 남긴 쪽지와 핍과 매그위치가 감시당하고 있다는 말로 증폭된다.

웨믹은 범죄에 관한 지식을 갖춘 용의주도한 법률사무소 사무장답게 매그위치를 숨겨놓고, 핍과 허버트에게 탈출 방법을 일러준다. 웨믹은 핍이 쪽지를 발견할 수 있도록 템플의 모든 문에 쪽지들을 남겨두었다가 보지 않은 것들은 되가져가는 치밀함을 보인다. 바로 유죄 증거의 흔적을 남기지 않는 방법이다. 그는 핍에게, 매그위치에게 무슨 일이 일어날지 모르니까 휴대용 재산을 손에 넣으라고 말한다. 공과 사를 구분하려는 노력에도 불구하고 웨믹은 매그위치를 구하려고 이전과는 다른 모습을 보인다. 월워스에서는 런던의 정보를 전하고, 런던에서는 월워스의 친절한 사람이 되어 행동하는 것이다.

해비샴 여사의 변화가 시작된다. 핍이 그녀로부터 받은 상처를 지적하자 심한 노여움을 보이는데, 이처럼 격앙된 감정을 공개적으로 나타내는 것은 처음이다. 그러나 에스텔라를 향한 핍의 진심을 알고 나서는 연민과 회한에 휩싸인다. 핍이 해비샴 여사와 에스텔라에게 자기 감정과 속내를 단도직입적으로 나타내는 것도 하나의 변화다. 수동적인 희생양이 되기보다는 자기가 보는 대로 말하고, 어떤 행동을 요구하고 있다. 핍이 해비샴 여사에게 비밀리에 허버트를 도우라고 요구하면서 비밀이란 주제가 다시 고개를 든다.

에스텔라는 드러믈을 남편으로 선택한 데 대해 흥미로운 통찰력을 보여준다. 자기가 사랑이란 것을 줄 수 없는 여자란 사실을 깨닫게 될 남자에게 자신을 내맡길 수 없으며, 자기는 드러믈에게 축복이 되지 못할 것이라고 말하는 것이다. 결국 두 사람의 생활은 에스텔라가 주도권을 갖고 드러믈이 고생을 하든가, 아니면 드러믈이 지배하고 그녀가 고통을 겪든가 둘 중 하나가 될 것이고, 한 쪽은 다칠 것이 뻔하다.

Chapters 46-48

제3권 제7 – 9장

 **핍을 그림자처럼 미행하는 컴페이슨**

웨믹의 집에서 하루를 쉰 핍은 매그위치를 만나러 간다. 그는 허버트의 약혼녀 클라라와 부친 발리 씨를 만난다. 선박 사무장으로 일하다가 은퇴한 발리 씨는 죽음을 앞둔 알코올 중독자다. 매그위치는 캠벨이란 이름으로 그 집 위층의 밝고 통풍이 잘 되는 방 두 개를 쓰고 있다. 핍은 자기가 훨씬 '싹싹해진' 것 같은 느낌을 갖게 되는데, 자신도 이해할 수 없는 변화다.

매그위치, 핍, 허버트는 앞으로의 일을 상의하고, 매그위치가 그곳에 계속 은신해야 한다는 데 의견이 모아진다. 때가 되면, 핍과 매그위치는 해외로 나갈 것이다. 허버트는 핍에게 보트를 구해 강에서 노 젓기를 익히자고 제의한다. 그러면 다른 사람들을 끌어들이지 않아도 매그위치를 배에 태울 수 있기 때문이다. 매그위치는 그들을 보면 창가에서 블라인드로 신호를 보내 자신이 안전하다는 것을 알리게 되어 있다. 수주일이 지나가고, 웨믹으로부터 언제 떠날지에 관해 아무런 소식이 없다. 아마 이전에 그의 집을 방문하지 않았더라면 그를 의심했을 것이다. 그즈음 여러 채권자들로부터 압박을 받으면서 핍의 경제상황이 심각해지기 시작한다. 현금을 마련하려고 보석을 내다팔 정도다. 어느 날 저녁, 핍은 시간을 보내려고 웝슬 씨의 연극을 보러 극장에 간다. 공연중인 웝슬이 한 장면에서 깜짝 놀란 모습으로 핍 쪽을 뚫어지게 쳐다보고 있다. 공연이 끝나 밖으로 나오던 핍은 계단에서 기다리고 있던 웹슬을 만난다. 웹슬은 유령처럼 핍 바로 뒤에 앉아 있는 사내를 보고 있었다며, 수년 전 습지에서 핍의 죄수와 싸움이 붙었던 바로 그자라는 것이다. 그가 컴페이슨임을 직감한 핍은 자기가 미행당하고 있다는 것을 눈치 채고 월워스에 있는 웨믹에게 쪽지를 보낸다.

　일주일 후, 재거스는 웨믹과 핍을 식사에 초대한다. 재거스는 해비샴 여사가 핍에게 보낸 쪽지를 갖고 있으며, 핍은 매우 덤덤한 웨믹의 암시를 통해 내일 그녀와 만나게 될 것임을 알아차린다. 재거스는 거미가 카드를 잘 쳐서 판돈을 몽땅 차지했다—드러믈이 에스텔라와 결혼했다는 뜻—고 말하고, 파워 게임의 승자는 아직 결정되지 않았다고 한다. 그는 드러믈 같은 사내는 이기든 움츠리든 둘 중 하나라고 하며, 벤틀리 드러믈 부인의 성공을 위해 건배한다. 그 순간 몰리가 들어오고, 그녀의 손놀림을 본 핍은 갑자기 뜨개질을 하던 에스텔라의 손가락이 생각난다. 그는 몰리가 에스텔라의 어머니란 사실을 깨닫는다.

　집으로 돌아가는 길에, 핍은 웨믹에게 재거스의 가정부에 대해 묻는다. 웨믹은 몰리가 남편과 불륜을 저지른 여인을 살해한 혐의로 재판을 받았던 이야기를 들려준다. 그녀의 변호사였던 재거스는 사실상 그 재판을 통해 성공의 길로 접어들었다. 그는 교묘하게 그녀가 연약해 보이도록 옷을 입혔고, 손아귀 힘에 대해서는 함구했으며, 손의 할퀸 자국들은 싸워서 생긴 게 아니라 가시나무 덤불에 긁힌 것임을 증명했다. 또한 남편에게 보복하려고 자식을 살해했다는 말이 있었지만 재거스가 배심원단이 그러한 견해를 갖지 못하도록 만들었다. 몰리는 그때부터 재거스 밑에서 일을 했다.

디킨스는 작품 속에서 종종 아이들에게 고아의 역할을 맡겼다. 이는 아마도 그가 어린 시절에 겪었던 유기(遺棄) 때문이었을 것이다. 그러한 경향은 핍, 에스텔라, 클라라—이들은 부모가 누구인지 모르거나 그들이 보탬이 되지 않는다—에게서 나타난다. 컴페이슨이 뒤를 밟고 있다는 것을 핍이 간파할 때 악의 전조는 계속된다.

이 장들에서 되풀이되는 다른 요소들은 재거스의 사무실에 있는 '감정적인' 석고 얼굴들, 재거스의 손 씻기, 편지 쓰기, 드러믈과 에스텔라의 결혼을 묘사한 거미 은유, 그리고 런던의 웨믹과 월워스의 웨믹이다. 새로운 요소는 몰리에 대한 정보 조각들이 모여 제 모습을 갖추는 것과 몰리가 에스텔라의 어머니라는 핍의 인식이다. 드러믈과 에스텔라 간의 힘겨루기에 관한 재거스의 논평, 드러믈은 이기지 않으면 움츠린다는 예언적 언급이 그들의 결혼생활을 예시한다.

Chapters 49-51

제3권 제10 - 12장

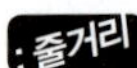 **: 줄거리** 핍에게 용서를 구하는 해비샴 여사

핍은 해비샴 여사의 쪽지에 응해 다음날 그녀를 방문한다. 비록 해비샴이 고통을 많이 주었지만 그는 그녀의 외로움이 안쓰럽다. 자신이 끼친 해악에 대해 커다란 죄의식을 느끼는 해비샴은 허버트를 돕기로 동의하고, 핍에게는 해줄 일이 없겠느냐고 묻는다. 핍은 고마움을 표시하고, 자기는 괜찮다고 말한다. 그녀는 재거스에게 허버트를 돕기 위한 돈을 핍에게 내주라는 쪽지를 써주고, 그에게 종이철을 건네며 자기를 용서할 수 있게 되는 시점에서 "나는 당신을 용서합니다"라고 쓰라고 부탁한다. 그녀를 심판하고 싶지 않은 마음과 자신의 실수로 인한 수치심에 압도된 핍은 당장이라도 그렇게 하겠다고 대답한다. 내내 다른 쪽을 쳐다보던 해비샴 여사가 갑자기 핍에게로 얼굴을 돌리더니 무릎을 꿇고 "내가 도대체 무슨 짓을 한 거야!"라며 절규한다. 그녀는 핍이 지적한 잘못과 에스텔라를 양녀로 들인 유일한 목적은 에스텔라를 자기와 같은 아픔에서 구하기 위한 것이었다고 말한다. 그녀는 자기가 그 아이의 마음을 훔치고 대신 얼음을 넣어두었다는 것을 깨닫는다. 핍은 해비샴 여사에게 에스텔라의 어머니가 누구인지 아느냐고 묻는다. 그녀는 재거스가 그 아이를 데려온 것 외에는 아는 바가 없다고 답한다. 집을 나서던 핍은 어릴 적 대들보에 목을 매단 해비샴 여사의 모습을 상상했던 그 마당과 양조장을 지난다. 언뜻 불길한

생각이 든 핍은 그녀가 있는 2층으로 되돌아갔다가 그녀의 드레스에 불이 붙은 것을 발견한다. 그는 그녀를 구하고, 의사를 부르러 사람을 보낸다. 핍도 두 손에 화상을 입는다. 밤새도록 해비샴은 같은 말을 계속 중얼거린다. "내가 도대체 무슨 짓을 한 거야! 그 아이가 처음 왔을 때 나는 그 아이를 내가 처한 불행에서 구하려고 했던 거야. 연필을 들고 내 이름 밑에 나는 당신을 용서합니다, 라고 쓰거라!"

핍은 템플로 돌아간다. 허버트가 그의 상처를 돌봐주고, 매그위치가 얼마나 '좋아졌는지', 그리고 매그위치의 아내가 질투 때문에 어떤 여자와 자기 자식을 살해했다는 말을 들려준다. 핍은 매그위치가 에스텔라의 아버지가 틀림없다고 말한다. 허버트는 매그위치가 재판정에서 아내에게 불리한 증언을 하지 않으려고 숨어 지냈다고 덧붙였다. 컴페이슨은 이 같은 사실을 가지고 매그위치를 협박해 범죄에 더욱 깊숙이 빠져들게 했다.

다음날 재거스를 찾아간 핍은 평소보다 친절한 대접을 받는다. 그는 허버트의 돈 문제를 해결한 후, 에스텔라의 부모가 누구인지 알고 있다고 하면서 자기가 발견한 사실을 밝힌다. 깜짝 놀란 재거스는 재빨리 평상심을 회복하고 사업 쪽으로 화제를 돌리려고 한다. 핍은 물러서지 않고, 웨믹의 됨됨이를 알고 있다는 속내를 내비치며 재거스와 웨믹 둘 다에게 진실을 말하라고 호소한다. 재거스는 웨믹과 그의 아버지에 대한 이야기를 듣고 놀라며, 웨믹은 재거스가 감정에 솔직하지 못하다고 지적한다. 재거스는 예전의 '초라한' 꿈을 인정하면서, 오직 '이론적인' 이야기만 하겠다고 한다.

그는 아이 살해 혐의로 법률적인 도움이 필요했던 한 여인에 대해 말한다. 그녀는 변호사에게 아이는 죽지 않았으며, 아이 아버지는 이 사실을 모른다고 고백했다. 아동들이 얼마나 끔찍하게 생활하는지를 알고 있는 그 변호사는 양녀를 구해 달라고 의뢰했던 부유한 여인에게 아이를 데려다준다. 이제는 어머니에게 무슨 일이 생기건 아이는 큰 어려움 없이 살아갈 것이다. 변호사는 최선을 다해 그 여인을 구해낸다. 하지만 지난 일로 마음에 상처를 입은 그녀는 세상에 대처할 능력이 없다. 변호사는 그 여인을 데리고 함께 지내면서 과거의 난폭함이 표출될 때마다 바로잡아주었다. 재거스는 이야기를 멈추고, 이런 것을 알아서 누가 득을 보겠느냐고 묻는다. 핍은 비밀을 지키겠다고 말한다. 이 이야기는 서로를 불편하게 바라보는 웨믹과 재거스 사이의 지적인 균형을 뒤엎는다. 그러나 두 사람이 불평하는 고객에게 화를 내며 사무실에서는 감정적인 행동이 허용되지 않는다고 말하면서 둘의 관계는 이내 제자리를 찾는다.

　　평생 자신의 증오와 복수심의 제물이 된 해비샴 여사는 고통을 받고 있다. 고통을 통해 성숙해진 그녀는 지난 삶을 후회하면서 이제는 보상을 하고 싶어한다. 그녀는 기꺼이 허버트를 돕기로 하고, 핍에게도 도움을 제의한다. 그녀가 대들보에 목을 맨 핍의 공상은 그녀를 화염에서 구출하면서 이 장에서 해소된다.

　　여기서는 핍의 변한 모습도 보여준다. 매그위치의 돈 외에 해비샴 여사의 도움도 거절하는 것이다. 이제부터 일어나는 일은 스스로가 만들어낸 것이며, 이는 그가 성장했다는 확실한 증표다. 그는 클래리커와 허버트의 사업을 성사시킴으로써 막대한 유산을 받은 이래 처음으로 좋은 일을 완벽하게 해냈고, 해비샴 여사에게는 그녀가 바라는 용서를 해준다. 그런 일은 그가 살아오면서 저지른 죄로 인해 남에게 끼쳐온 상처를 보았기 때문에 가능하다. 그는 이제 해비샴 여사에게 자기 의견을 솔직히 표시하면서 자기 삶을 더욱 책임지게 된다. 에스텔라에 대한 사랑은 마음속에서 우러나오는 것이며 이타적이다. 드러믈만 아니라면 그녀를 사랑하는 어느 누구와 결혼하는 것도 참을 수 있다고 말함으로써 이제는 자기 욕구를 접는다. 핍과 허버트는 매그위치가 '변했고 부드러워졌다'는 점을 발견하면서 어느 정도 속물근성에서 탈피한다. 실제로 변화한 그의 모습을 왜곡 없이 그대로 보게 된 것이다.

핍이 에스텔라에 관한 이야기를 간청할 때 재거스의 사무실에는 진실의 순간이 찾아든다. 핍이 물거품이 된 사랑의 꿈에 대해 말할 때 재거스 역시 한때 그러한 감정을 가졌던 것처럼 대답한다. 웨믹은 대담하게 상사를 감정의 사칭자라고 부르고, 그 역시 훌륭한 가정생활을 원할 것이라고 암시한다. 재거스가 들려준 이야기는 그가 엄마와 아이를 구하기 위해 최선을 다했던 속 깊은 사람임을 드러낸다. 하지만 이러한 감정 섞인 이야기는 법률사무소에 불안정한 분위기를 조성한다. 두 사람은 불평하는 고객에게 고함을 치면서, 감정이 배제된 원래 상태로 돌아온 것에 안도한다. 그들은 해비샴 여사의 도움(휴대용 재산)을 거절한 핍을 나무란다. 현실주의자인 그들은 핍의 장래를 진정으로 염려하는 것이다. 모든 사람의 숨겨진 사연을 알고 있는 재거스는 핍이 매그위치가 에스텔라의 아버지라고 말할 때 허를 찔린다. 그 자신도 알지 못했던 비밀이기 때문이다.

Chapters 52-54

제3권 제13 – 15장

 수상한 쪽지

많은 이야기들이 마무리되고 있다. 핍은 허버트의 사업을 위해 클래리커와의 거래를 종결짓고, 허버트는 곧 이집트로 떠나게 되며, 핍의 부자 인생은 막을 내린다. 또한 매그위치를 영국에서 탈출시킬 때가 왔다. 웨믹의 전갈을 받은 그들은 수요일에 움직일 계획을 세운다. 핍이 화상으로 노를 저을 수 없기 때문에 친구 스타톱이 합류한다. 계획은 다음과 같다. 수요일에 일찍 강 하류에서 매그위치를 태우고, 세관을 지나 켄트로 가서 하룻밤을 여인숙에 묵는다. 목요일 아침에는 강에서 바다로 나가는 기선을 접선해 핍과 매그위치를 태운다. 허버트는 기선들의 출항 일정을 구하러 밖으로 나가고 핍은 여권을 얻으러 간다.

허버트가 매그위치를 찾아가 계획을 설명하는 동안, 집으로 돌아온 핍은 프로비스에 관한 중요한 정보가 있으니 그날이나 다음날 밤 습지의 수문 경비실로 혼자 오라는 쪽지를 발견한다. 프로비스에 관한 언급 때문에 그날 밤 그곳에 가기로 결심한다. 다음날은 탈출 전날이라 바쁠 것이기 때문이다. 그는 그 결정이 잘한 것인지 의문스럽지만 매그위치를 위해 가야겠다고 생각한다. 그는 한 작은 여인숙에서 저녁식사를 주문한 다음, 기다리는 동안 짬을 내 새티스 하우스로 가서 해비샴 여사의 상태에 대해 알아본다. 식사중에 여인숙 주인이 핍의 이야기를 늘어놓는다. 부자가 된 젊은이가 도와준 펌블축을 나 몰라라 한다는 내용이다. 죄의식과 후회로 가득 찬 핍은 식사를 하지 못한다. 그 이야기를 통해 펌블축의 거만함과 조와 비디의 진실한 우정이 적나라하게 대비되었기 때문이다. 9시가 가까워지자 그는 습지로 향한다. 그곳은 너무나 음산해서 돌아가고 싶은 마음이 간절하다. 멀리 수문 경비실에서 불빛이 새어나온다. 다가가 문을 두

드리고 사람을 찾아보지만 대답이 없다. 문을 열고 안으로 들어선다. 갑자기 올가미가 목에 걸리고 이어 그를 꼼짝 못하게 만든 다음, 벽에 묶는다. 술 취한 올릭이다. 그는 핍을 죽여 아무도 발견하지 못하게 시신을 석회 굽는 가마에 넣을 작정이라고 말한다. 그리고 자기가 조의 아내를 죽였으며, 핍의 런던 아파트 계단 밑에 숨어 엿보았노라고 밝힌다. 매그위치에 대해서는 모르는 게 없는 매우 강한 사람과 함께 일하고 있다고도 한다. 핍은 컴페이슨이라고 추측한다. 올릭은 핍이 일자리와 비디를 빼앗아갔다고 상기시킨다. 핍의 눈앞에 지난 삶이 스쳐간다. 핍은 조와 비디에게 사과할 기회를 결코 갖지 못할 것 같은 생각이 든다. 그는 달아날 길을 찾지만 방법이 없다. 올릭이 핍을 죽이려고 달려들고, 둘이 몸싸움을 벌이는 순간에 허버트, 스타톱, 트랩의 사환이 들이닥친다. 올릭은 어둠 속으로 달아난다. 얘기인즉슨, 허버트와 스타톱이 핍이 떨어뜨린 올릭의 쪽지와 핍이 쓴 메모를 발견하고 꺼림칙한 생각이 들어 허겁지겁 켄트로 왔는데, 올릭을 찾지 못하던 차에 우연히 트랩의 사환을 만났고, 그가 그들을 이곳으로 안내했다는 것이다.

런던으로 서둘러 돌아간 그들은 수요일 출발에 대비한다. 수요일, 모든 일이 순조롭게 진행되지만 미행당하고 있다는 느낌이 든다. 다음날 그들은 기선이 접근하는 시간에 맞춰 강으로 향하다가 세관원들이 탄 보트에 제지당한다. 그들은 매그위치를 체포하는데, 보트에 앉아 있던 사람들 중 하나가 컴페이슨이다. 두 죄수가 몸싸움을 하는 가운데 보트가 기선에 부딪혀 뒤집힌다. 컴페이슨은 익사하고, 매그위치는 심하게 다친다.

핍은 매그위치와 함께 남고, 허버트와 스타톱은 런던으로 돌아간다. 이제는 매그위치에게 느끼던 반감도 사라졌다. 핍은 자신이 조를 대하던 것보다 매그위치가 자신에게 더 좋은 사람이었음을 깨닫는다. 매그위치는 핍이 피하기를 바라지만 말을 듣지 않는다. 비로소 핍은 웨믹이 자기에게 지갑을 갖고 있으라고 한 이유를 깨닫는다. 매그위치가 체포되면 돈은 모두 국가에 몰수되기 때문이다. 핍은 매그위치가 그것까지는 알 필요가 없다고 생각한다.

핍은 성숙해지고 남을 많이 배려하는 모습을 보인다. 핍이 습지로 간 것은 현명치 않았지만 매그위치의 안전에 대한 염려 때문이었다. 이제는 자신을 괴롭혔던 범죄의 오점으로부터 '피하려' 하지 않고 현실을 직시하며, 매그위치의 품위와 자신의 결점을 깨닫는다. 핍은 또한 이제는 빈털터리라는 것과 생존이란 현실에 직면해야만 한다는 것을 알고 있다. 그러나 위독한 매그위치에게는 비밀로 부치면서, 그가 꿈을 지닌 채 눈을 감도록 하는 쪽이 좋겠다고 생각한다. 핍은 여인숙 주인이 펌블축의 허풍을 얘기할 때 죄의식을 강하게 느낀다.

탈출과정에서 매그위치가 보여주는 침착성은 주목할 만하다. 그는 강 밑바닥을 볼 수 없듯이 몇 시간 앞도 내다볼 수 없다는 말로 닥쳐올 위험과 결과를 예시하고 있다. 평생을 위험에 시달린 그는 그것을 겸허하게 받아들이며 맞서기를 두려워하지 않는다. 그는 미리 겁먹지 않고 닥치면 대처하겠다는 생각을 가지고 있다. 핍이 볼 때 매그위치는 많이 온

화해졌다. 대체로 핍의 생각이겠지만, 그것은 매그위치가 결과가 좋았던 일을 해낼 기회를 가졌기 때문이기도 하다. 그는 명예를 회복할 기회를 가졌고, 그것을 잘 해냈다. 그는 자신이 만든 신사를 보면서 행복을 느끼며, 이제 그의 삶이 어떻게 되든 마음의 평화를 얻은 것이다. 그의 투쟁은 끝났다.

Chapters 55-57

제3권 제16 – 18장

 편안히 눈을 감는 매그위치

컴페이슨이 당국에 매그위치의 정체를 밝히기로 되어 있었지만 익사했기 때문에 선상 감옥인 헐크스의 이전 간수들 중 한 사람을 불러 그의 신원을 파악하도록 하는 동안 기소는 3일간 지연된다. 재거스는 손안에 들어온 돈을 놓친 핍에게 화를 내며 성공 가능성은 희박하지만 그 중 얼마만이라도 건져보겠다고 말한다. 허버트는 즉시 카이로로 떠나야겠다고 생각하고, 핍은 그런 친구가 미더우면서도 정작 자신의 미래에 대해서는 두려움이 앞선다. 허버트는 자기 회사에 자리를 주겠다고 제의하지만 핍은 대답을 미룬다. 지금 그는 매그위치와 한 가지 남은 일을 해결해야 한다.

웨믹은 런던에서도 '개인 자격'으로 핍을 찾아와 탈출 시점이 좋지 않았던 것에 대해 사과한다. 그리고 너무나 많은 휴대용 재산의 상실로 인해 받은 커다란 충격에 대해서도 말한다. 핍은 그 재산의 주인이 더 걱정이라고 말하지만 웨믹은 그를 구할 기회는 결코 없을 것이라고 지적한다. 매그위치를 두려워한 컴페이슨은 호주에서까지 그를 감시하고 있었으며, 그를 배신한 보상금으로 그의 돈 일부를 차지하려고 했었다. 웨믹은 월요일에 오랜만의 휴일을 가질 것이라고 하면서, 핍에게 이번만 함께 지내자고 청한다. 그 동안의 도움에 대한 감사의 표시로 핍은 그 청을 받아들인다.

핍이 당도하자 웨믹은 낚싯대를 가져와 산책을 가는 것처럼 가장한다.

그들의 산보는 결혼식 준비가 끝난 교회 앞에서 멈춘다. 웨믹과 스키핀스 양의 결혼식이 있는 것이다. 핍은 들러리가 되어준다. 식이 끝나고 핍이 떠날 때, 웨믹은 리틀 브리튼*에서는 이 일을 입에 올리지 말아달라고 당부한다. 재거스가 웨믹이 나약해지고 있다고 생각할지도 모르기 때문이다.

핍은 부상이 심해 병동으로 옮긴 매그위치와 함께 많은 시간을 보낸다. 매그위치의 상태는 계속 악화된다. 매그위치는 환경이 좋았더라면 더 나은 삶을 살 수도 있었을 것이라면서도 변명은 하지 않는다. 재판은 신속하게 진행되었고, 그는 사형 선고를 받는다. 매그위치는 핍에게 한결같이 찾아준 것을 감사하고, 무엇보다도 자신이 자유의 몸이었을 때보다 어려움에 처한 지금, 자기를 더 편안히 대할 수 있을 것이라고 말한다. 면회 시간이 끝나갈 때 핍은, 그가 죽었다고 생각했던 딸이 사실은 살아 있으며 숙녀가 되었고, 자기가 사랑하는 여자라고 귀엣말을 한다. 힘겹게 핍의 손에 입을 맞춘 매그위치는 미소를 지으며 평화롭게 숨을 거둔다. 핍은 부채가 있는 데다 긴장이 풀리자 병이 난다. 머리가 무겁고 온몸이 너무 아파 움직일 수가 없다. 빚 때문에 핍을 잡으러 왔던 사람들이 그의 상태를 보고 그냥 돌아간다. 헛소리까지 하기에 이른 핍은 조가 옆에 있다고 상상한다. 마침내 열이 가신 그는 조가 내내 곁에 있었다는 사실을 알게 된다. 비디의 재촉을 받아 그를 돌보러 왔던 것이다. 몹시 감격한 핍은 조에게 그저 착하게만 자기를 대하지 말고 화를 내거나 때려달라고 말한다.

핍은 조가 지금 상황에 대해 비디에게 편지 쓰는 모습을 보며 기뻐서 눈물이 난다. 비디에게 글쓰기를 배운 것이다. 다음날 핍은 해비샴 여사의 근황을 묻고, 핍이 매슈 포켓에 대해 얘기를 잘 해주었기 때문에 해

비샴 여사가 그에게 '정확히 4천 파운드'를 남기고 죽었다는 소식을 듣는다. 올릭은 펌블축의 집에 침입했다가 체포되어 감옥에 있다고 한다. 핍은 조에게 매그위치에 대해 말하려고 한다. 조는 그 말을 가로막으며 핍이 어렸을 때 제대로 보살펴주지 못한 것을 자책한다. 핍이 조에게는 아무 잘못이 없다고 하고, 조는 그 죄수에 관해서라면 함께 나눌 얘기가 없다고 말한다. 조는 핍을 정성껏 돌보며 건강을 회복시키고 조건 없는 사랑을 쏟는다. 핍이 회복하자 조는 다시 거리를 두면서 그를 '나리'라고 부른다. 핍은 그렇게 하지 말라고 할 참이지만 조 역시 자기 입장을 바꿀 성싶지 않다. 핍은 조에게 진 빚, 조를 천대한 죄책감, 그리고 비디와 결혼하고 싶은 마음에 대해 솔직히 이야기를 나누려고 다음날 일찍 일어나지만 조는 이미 편지를 남기고 떠난 다음이다. 편지와 함께 핍의 빚을 갚은 영수증이 놓여 있다. 사흘 후 핍은 조와 비디를 만나러 집으로 향한다.

핍은 많이 성숙해져 있다. 범죄의 오점과 거리를 두려는 속물적인 시도를 포기했고, 매그위치도 진정으로 보살핀다. 그가 좋은 사람임을 깨닫게 된 것이다. 매그위치도 핍이 금전적 이득을 위해서가 아니라 진정으로 자기를 대하며, 지금 상태를 오히려 편안해 한다는 점을 알아차린다. 일생을 버림받으며 살았던 매그위치는 죽어가면서 핍의 성실성을 소중하게 여긴다.

병으로 누워 있던 핍은 여러 가지 생각으로 마음이 편

치 않다. 자기는 조와 비디에게 상처만 주었는데, 비디는 조를 보냈고, 조는 그를 돌보러 왔다. 조는 핍이 어렸을 때 제대로 보호해 주지 못한 자책감을 표현하고, 핍은 습지의 죄수에 관해 조에게 거짓말을 했던 죄책감 같은 것을 이야기한다. 조는 핍이 잘못을 용서해 준다면 자기도 핍의 잘못은 없는 것으로 생각한다고 하면서 그동안의 일을 원만하게 마무리한다. 그리고 핍이 해비샴 여사에게 말을 잘 해줘서 매슈 포켓이 많은 돈을 받게 된 것이라고도 짚어준다.

조에게도 변화가 있다. 그는 글쓰기를 배웠고, 이 점을 자랑스럽게 여긴다. 과거에는 배움을 회피했지만 이제 배움이 좋다는 것을 받아들인다. 핍이 조가 공부하기를 바란 것은 결코 잘못이 아니었지만—교육이란 나쁜 게 아니니까—핍이 애초에 그것을 원했던 이유는 잘못된 것이었다. 핍의 상태가 호전되면서 조는 예전으로 돌아간다. 하지만 이번에는 사정이 다르다. 핍이 달라진 것이다. 그는 집에 가서 조에게 보답을 하고, 비디에게 청혼할 것이다.

디킨스는 매듭을 지으면서 유머를 불어넣는다. 웨믹의 결혼식은 모든 일이 뜻밖인 양 행동한 웨믹 때문에 전형적인 예가 된다. 해비샴 여사가 새러 포켓에게 담즙 이상 증세에 복용할 알약을 살 돈을 넉넉히 남기고, 카밀라에게는 모든 사람 '걱정을 하며' 앉아서 밤을 지새울 때를 대비해 등불 살 돈을 충분히 주는 것은 아첨하는 친척들에게는 적절하고 해학적인 응보가 된다. 올릭의 체포까지도 펌블축을 놀려대는 장으로 삼으면서 해학을 보인다. "그들은 그의 귀중품 서랍을 가져갔고, 돈통을 가져갔고, 그의 술을 마셨으며, 그의 음식을 먹어 치웠으며… 그리고 그의 입에 꽃피는 일년생 식물들을 꽉 채워 넣었지." 이 대목이 아마도 소설 전체를 통틀어 펌블축이 조용히 입을 다물고 있는 유일한 때일 것이다.

Chapters 58, 59

제3권 제19, 20장

 **성숙해진 핍**

　고향에 온 핍은 블루 보어에서 하룻밤을 묵는다. 그는 아침에 일어나 새티스 하우스 쪽으로 산책을 나간다. 새티스 하우스의 가구들은 경매에 부치고, 집은 헐릴 것이라는 안내문이 문에 붙어 있다. 산책을 하고 돌아오니 다과실에서 펌블축이 주인과 이야기를 나누고 있다. 그는 핍의 현재 상황과 배은망덕에 대해 빈정거린다. 핍은 자신의 은인은 이 방에 없다고 쏘아붙인다. 대장간 쪽으로 향하던 핍은 문이 닫힌 것을 보고 걱정한다. 이어 조와 비디가 갓 결혼한 사실을 알고 매우 기뻐하면서, 비디에게 청혼하고 싶었다는 말을 조에게 하지 않은 것이 다행스럽다. 조와 비디는 그를 보자 몹시 반가워한다. 핍은 그들에게 사과하고, 이집트의 허버트에게 갈 예정이라고 말한다. 그는 그들에게 돈을 갚겠다고 약속하고, 자기를 너그러이 기억해 줄 것을 청한다.

　이집트에서 핍은 허버트와 클라라 부부와 살며 검소한 생활을 한다. 그는 조에게 빚을 갚기로 한 약속을 지키고, 조와 비디에게 자주 편지를 쓴다. 핍은 마침내 회사의 세 번째 동업자가 되고, 클래리커는 허버트에게 핍이 그의 사업을 은밀히 도왔던 경위를 들려준다. 핍은 그 회사의 주요 성공 원인이 허버트의 재능 때문이라는 점을 인정하고, 초기에 허버트의 능력을 몰라본 것은 자기 자신의 무능 탓이라고 깨닫는다. 11년 후,

핍이 대장간을 찾으니 조, 비디, 딸과 어린 아들 핍이 그를 맞는다. 그가 핍을 양자로 삼겠다고 제의하자 비디가 결혼이나 하라고 상냥하게 맞받아친다. 핍은 허버트와 클라라도 자기에게 결혼 얘기를 꺼낸다고 하면서, 혼자 사는 것이 좋다는 뜻을 나타낸다. 비디는 핍에게 아직도 에스텔라를 애타게 원하느냐고 묻는다.

어두워지기 전에 새티스 하우스로 간 핍은 마당을 기웃거리다가 어둠 속에 홀로 있는 사람과 마주친다. 에스텔라이다. 그녀는 변했고, 세월과 근심으로 도도했던 눈빛이 부드러워졌다. 에스텔라는 핍을 저버린 것을 생각하면 가슴이 아팠기에 최근 들어 그를 많이 생각했다고 말한다. 헤어질 시간, 에스텔라는 자기를 친구로 생각해 주겠는지 묻는다. 핍은 자기들은 친구라고 말하고, '그녀와 헤어지지 않으려는 그림자'를 보았다고 독백한다.

　　핍은 마침내 자신의 죄, 빚, 그리고 인생에 대한 책임을 받아들였다. 그는 검소해지고, 잊지 않고 조와 비디에게 편지를 쓰며, 빚을 갚는다. 핍이 성숙해진 모습은 조와 비디의 결혼에 화를 내는 대신, 비디에게 청혼하려 했던 속내를 얘기하지 않은 것을 안도할 때 뚜렷하게 드러난다. 또한 타인을 새로운 관점에서 바라보며, 회사의 성공은 허버트의 재능 덕분이며 허버트를 과소평가한 자신의 무능을 자인할 때도 성숙함이 엿보인다.

　　핍이 가슴속에 품고 있는 단 한 가지 비밀은 에스텔라의 태생이다. 디킨스는 에스텔라의 출생에 관한 비밀은 말하지 않는다. 디킨스는 이 이야기의 마무리를 두 가지 형태로 한다. 본래의 끝부분은 에스텔라가 슈롭셔의 한 의사와 재혼하고 핍을 런던에서 한 번 만나 의례적인 말을 나누다가 각자 제 갈 길을 가는 것이다. 디킨스 역시 첫사랑인 마리아 비드넬을 수년 후 만났을 때 이와 같은 선례가 있었다. 그때 매우 뚱뚱해진 그녀를 보고 그는 환상을 버렸다. 디킨스는 에스텔라의 아름다움을 퇴색시키고 삶에 지친 모습으로 그리고 있지만, 소설가 친구의 조언을 받아들여 핍과 에스텔라, 그리고 독자들이 행복한 기분을 갖도록 끝부분을 바꿨다. 그러나 그 모호한 결말은 이후의 상황을 독자들의 상상에 맡기고 있다.

인물분석
노트

핍은 자존심이 약하다. 그는 존중받지 못하고, 또 자신을 존중하지 않는다. 그는 끊임없이 공치사를 해대는 누나 때문에 자신의 존재에 죄책감을 느낀다. 주변 사람들도 누나에게 감사해야 한다며 그의 감정을 더욱 자극한다. 그의 인생에 유일하게 긍정적인 부분은 조이다. 핍은 그의 견습공이 되고 싶어한다. 하지만, 해비샴 여사와 에스텔라가 상스럽고 범속한 인생을 부끄럽게 여기라고 가르치면서 그 꿈을 달가워하지 않게 된다. 그들의 영향력은 그의 허약한 자존심과 부와 안정에 관한 누나의 메시지와 더불어 그의 욕망, 야심, 속물근성에 불을 댕긴다.

그는 좀처럼 힘, 열정, 또는 결의를 보이지 않고 주위의 인물들에게 수동적인 반응을 보이며 공상가의 인생을 살고 있다. 새티스 하우스의 공상 세계는 그 토양이 된다. 그 세계는 그의 유일한 열정, 즉 동화 속 공주인 에스텔라를 품고 있다. 거기에는 그가 경험한 적이 없는 것들—아름다움, 부, 세련미, 권력—이 있으며, 그의 눈을 부시게 만든다. 그것들은 이제 그가 인생에서 추구하는 목표가 되며, 돈과 에스텔라를 얻기 위해서라면 모든 것—조, 대장간, 그 자신의 양심과 행동—을 포기할 수 있다.

독자들은 핍에게서 이 소설의 주제 몇 가지를 보게 된다.

즉, 집착, 욕망, 탐욕, 죄, 야망, 그리고 선과 악이다. 핍은 어린아이 같은 순진무구함과 점잖은 상태에서 욕망을 추구한 나머지 죄악으로 떨어진다. 그는 그 모든 것을 원하면서 대가는 치르려고 하지 않는다. 하지만 디킨스는 그를 완전히 타락시키지는 않고 선한 속성을 마음속 밑바닥에 남겨둔다. 그 속성들은 조와 비디에 대해 보인 속물근성, 허버트를 빚에 허덕이게 한 것, 조와 죄수의 돈을 맞바꾼 것에 대한 죄책감을 통해 수면 위로 떠오른다. 최악의 순간에도 핍은, 예를 들어 허버트가 사업을 시작하도록 도울 때처럼 용케도 선한 행위를 보여준다. 다시 기품 있는 모습으로 회귀하는 그의 길은 핍의 사회적 지위 상승 뒤에 매그위치가 있었음이 드러나면서 시작된다. 자기의 고상한 행동의 원천이 무식한 조보다도 혐오스러운 사람에게서 나왔다는 수치심이 그를 공상의 세계에서 나오게 만들었다. 이제는 그것의 대가가 무엇인지 안다.

인생에서 공짜로 이루어지는 것은 없고, 사람은 자기 선택의 결과를 받아들여야만 한다. 디킨스는 핍에게 본받을 만한 네 명의 '아버지 상'을 보여준다. 조는 아내와 살겠다는 선택을 하고, 아내의 난폭성을 감내하는 대가를 충분히 받아들이면서 많은 사랑을 보인다. 재거스는 통제와 감정 없는 생활을 선택하고, 고독과 소외라는 대가를 치른다. 웨믹은 미칠 지경이지만 부친을 모시고 먹고 살려면 그 감정 없는 일을 견뎌내야 한다. 그는 일과 가정생활을 분리시킴으로써 그 책임을 받아들인다. 매그위치는 '사랑하는 소년'을 본 대가가 죽음이라는 것을 알고 있으며, 어쨌든 그 결과를 받아들인다. 핍은 이들 모두에게서 무임승차란 없다는 것과 부는 결과로부터의 자유를 보장하지 않는다는 것을 배우며 결국 자신이 선택한 모든 것에 책임을 지게 된다.

○ 조 가저리

그는 완벽한 선인(善人)에 가까운 존재다. 근면하고, 존경할 만하고, 성실하고, 공정하다. 그는 술주정뱅이였던 난폭한 아버지뿐만 아니라 음식을 훔친 죄수에게도 동정심을 보인다. 그는 아내의 힘을 인정하고, 그의 어머니가 아버지로 인해 겪었던 고통을 겪지 않게 하려고 노력한다. 그에게는 깊은 직관적 지혜, 내적 평화와 순응, 존엄성, 그리고 옳고 그른 것과 번민의 원인을 이해하는 심성이 있다. 핍이 섭섭하게 대해도 무조건적인 사랑을 보이고, 필요할 때는 언제든 돕는다. 그는 핍을 사랑하고, 아버지가 되어주고, 그를 품위 있는 성인의 길로 안내한다. 그는 열정이나 환상의 지배를 받지 않는다.

디킨스는 그에게 무학(無學)과 촌스러움이란 결점을 주고, 누나의 학대로부터 핍을 더 잘 보호하지 못하게 함으로써 너무 완벽한 인물이 되지 않도록 한다.

○ 매그위치

　　매그위치는 핍에게, 잘못된 선택으로 발생하는 사태와 그것을 극복하는 모습을 모두 보여주는 아버지 상(像)이다. 모진 어린 시절을 보내면서 온갖 범죄를 저질렀지만 호주라는 새로운 환경에서 부자가 되고, 숨겨진 선(善)함이 밖으로 나올 기회를 갖는다. 그는 죄수와 어린이가 공유한 무력함과 희생이라는 유대감을 느끼면서 작은 소년의 친절을 잊지 않고, 그 아이가 순탄하게 살 수 있도록 돕는다.

　　그의 관대함은 대단하지만 핍의 이익만을 위한 것은 아니다. 사회에 대한 복수를 위해 핍을 이용하는 것이고, 그것으로 인해 몰락한다. 결과를 직접 눈으로 보고 그 기분을 느끼려면 목숨을 걸어야 하기 때문이다. 하지만 그는 불가피할 경우에는 목숨을 내놓을 준비가 되어 있으며, 그러한 생각에서 자유롭다. 그는 핍을 소박한 마음으로 사랑하며, 마음속에 감춰져 있던 다정함으로 돌아갈 기회를 가진 후 품위 있고 조용히 눈을 감는다.

○ 조의 아내

　　난폭하고 자부심 강한 그녀는 완전한 악으로 보인다. 하지만 일부 행동은 이해할 수가 있다. 스무 살 때 아직 젖도 떼지 않은 남동생과 세상에 홀로 남겨진 것이다. 그녀가 독자에게 소개될 때는 이미 부모와 다섯 형제를 땅에 묻었으며 남편도 없는 상태다. 따라서 생계 수단도 없다. 이 문제는 조와 결혼함으로써 해결된다. 하지만 초기의 상실감 때문에 버림받는 것을 두려워하고 안정을 원하기 때문에 삶의 초점은 생존으로 모아진다. 그녀는 이것을 힘과 부를 통해 추구하며 이러한 가치를 무의식적으로 핍에게 전파한다. 남편 조가 똑똑해지는 것도 원치 않는다. 그렇게 되면 조가 가정의 주도권을 빼앗아 갈 것이고, 더 나아가 그녀를 버릴지도 모르기 때문이다.

○ 해비샴 여사

그녀는 이 소설에서 가장 이상하고 괴상한 인물 중 하나로서 동화 속의 '사악한 마녀'다. 에스텔라를 양녀로 받아들이면서 자신이 겪었던 상처로부터 에스텔라를 보호하려고 한다. 하지만 이러한 의도는 에스텔라에게 아무도 사랑하지 못하게 하고 모든 남성에게 복수를 하도록 에스텔라를 훈련시키는 것으로 변질되고 만다. 해비샴 여사는 컴페이슨에게 배신당할 때 자부심이 있고, 아름답고, 열정적이고 무모했다. 배신으로 깊은 상처를 받고, 통제력 상실로 비틀거리다가, 자기 이미지를 되찾기로 결심한 해비샴 여사는 생활 스타일을 바꾼다. 그녀는 권력의 무기로써 돈을 휘두르며 양녀가 성공하도록 훈련시킨다. 그러나 이것은 역효과를 낸다. 에스텔라는 결국 남성뿐만 아니라 해비샴 여사도 사랑할 수 없게 된다. 해비샴 여사의 창조물은 그녀의 몰락이며 핍은 그녀의 거울이다. 해비샴 여사는 에스텔라에 대한 핍의 깊은 감정을 이해할 때 그녀가 컴페이슨과 함께 있는 모습을 보며 과거를 기억한다. 그녀의 구원은 그녀의 죄를 이해하고 후회를 나타내는 데 있다. 그녀가 할 수 있는 유일한 행동은 자기 행동에 책임을 지는 것이다. 그녀는 핍의 용서를 구하며, 허버트 포켓을 돕고, 허버트의 아버지에게 큰돈을 남긴다.

o 에스텔라

핍처럼 에스텔라도 부모가 없고 희생자다. 에스텔라는 해비샴 여사에 의해, 핍은 매그위치에 의해 사회에 대한 복수의 도구로 이용된다. 둘 다 삶의 접근법이 다소 수동적이다. 이는 에스텔라가 자기들 두 사람은 자유로운 길을 갈 수 없고 다른 사람의 지시대로 행동해야만 한다고 말할 때 암시된다. 그녀는 정직하며, 해비샴 여사에게 교육받은 대로 행동한다. 조작은 없고 솔직함만 있다. 핍을 제외한 모든 남성들과 어울리겠다고 말할 때는 핍에게 일종의 의리를 보인다. 핍이 해비샴 여사의 친척을 해치웠을 때 그의 공격성과 힘을 목격한 그녀는 핍에게 키스할 기회를 주는데, 그 이면에는 부모인 몰리와 매그위치의 격정과 분노가 감춰져 있다. 그녀의 마음속 깊은 곳에는 분노에 반응하는 무엇이 있다. 이 부분은 결혼생활을 하면서 드러믈이 그녀에게 휘두르는 폭력으로 인해 변화하고 누그러진다.

○ 재거스와 웨믹

재거스와 웨믹은 핍에게 사람 되는 법을 가르치는 아버지 상이다. 재거스는 근면하고 자수성가한 사람이며 직선적이고, 사실에 충실하며, 나름대로 선하다. 감옥의 공포와 법제도에 의한 아동 학대를 알고 있는 그는 몰리를 받아들이고, 에스텔라에게 가정을 찾아준다. 그러나 그는 자신의 안전을 통제와 권력에서 찾으며 감정과 사람들을 포용하기보다는 그것들을 모두 씻어내버리는 길을 택한다. 그는 그의 인생의 대가를 치르고, 그것을 알고 있고 받아들인다.

웨믹은 과도기적인 인물로, 조와 재거스의 품성을 조금씩 갖고 있다. 사무실에서는 사실에 충실하고, 집에서는 감정에 충실하다. 핍과 함께 런던에서 두 세계를 뒤섞는 모험을 하지만 — 과거라면 그가 하지 않았을 일 — 불평하는 고객을 거칠게 다루고 자기 결혼식에서 핍에게 재거스가 결혼 사실을 알아서는 안 된다고 말할 때 사무실과 가정을 분리시키는 성향을 재확인시켜준다. '휴대용 재산'에 대해서는 현실적인 태도를 보이는데, 부친을 모시고 집을 유지하려면 달리 방법이 없기 때문이다. 그러나 남을 배려하고, 근면하며, 창의적이다. 그는 삶을 받아들이면서도 생존하기 위해 선을 긋는 것이다.

마무리
노트

연재물 형식의 특별한 사례

현대 독자들에게는 소설을 매주 혹은 매달 연재물로 읽는다는 것은 생소할 수도 있다. 책 한 권이면 곧바로 소설 전체를 읽을 수 있는데 왜 잡지에 20회씩이나 연재를 한단 말인가? 그러나 1828년의 한 작가가 말했듯이 "중산층 영국인은 책 한 권을 사지 않는다." 그 당시 완전한 소설 한 권은 대략 3, 4백 달러로 3권 혹은 4권으로 출간될 수도 있었다. 이런 상황에서 책을 읽고 싶은 사람이나 부유하지 못한 사람은 도서 대여점에 가입하거나 주간 잡지를 사서 읽었다. 이렇게 한때 부유층의 전유물이던 소설이 대중들에게 값싼 기호품이 되었다.

이 같은 추세는 소설을 쓰는 방식에 영향을 미쳤다. 줄거리, 성격, 그리고 양식은 종종 연재물이란 특성에서 나오는 직접적인 결과였다. (사실, 현대 비평가들이 비난하는 디킨스의 결점들은 실제로는 이 같은 형식이 갖는 제약들이다.)

연재소설을 기획할 때 고려하는 첫 번째 사항은 횟수였다. 매회분은 대체로 동일한 길이에 긴장감과 박진감도 대략 비슷해야만 했다. 한 주나 한 달 후에도 독자들을 끌어들이기 위해 매회분은 나름대로의 결말을 지닌, 그 자체가 '짧은 소설'이거나 '일련의 사건'이어야 했다. 따라서 줄거리는 방대하고 복잡해질 수밖에 없었다.

등장인물도 마찬가지였다. 등장인물들은 독자들이 주

별 또는 월별로 기억할 수 있도록 종종 기묘하고 색다르며 때
로는 거의 '극단적인' 성격이 부여되었다. 〈막대한 유산〉에서
는 재거스가 손톱을 깨문다든가 웨믹이 사무실과 집에서 전혀
다른 모습을 갖고 있다든가 하는 모습을 반복해 보여줌으로써
독자들에게 그 인물들을 각인시키고 있다. 이러한 특성들은
연재 방식 때문에 필요했겠지만 현대의 독자들을 짜증스럽게
만드는 요소다.

　　연재물 집필은 빡빡한 일정 때문에 신속해야 했다. 종
종 저자는 글을 써나가면서 줄거리를 만들거나 결말을 생각했
다. 여러 모로 즉흥적인 방식이었다. 만약 발행부수가 떨어지
면 저자는 독자의 관심을 끌기 위해 등장인물의 반응을 바꾸
거나 또 다른 결말을 덧붙였다. 잡지의 공간은 돈이었다. 돈을
내고 잡지를 구입하는 빅토리아 시대의 사람들은 많은 것, 특
히 많은 우여곡절이 담긴 이야기를 원했다. 찰스 디킨스는 바
로 그것을 제공했고, 독자들의 열렬한 반응을 이끌어내는 데
성공했다.

아동과 19세기 영국

　　수천 년 동안, 가정에서는 자녀들을 농장일이나 생존
을 위해 필요한 노동은 무엇이든 시켰다. 오직 부유하고 유력
한 집안의 자녀들만이 노동에서 자유로웠다. 100년 전만 해도

대부분의 사회는 아이들을 부모의 재산으로 여겼다. 아이들은 국가로부터 아무런 보호를 받지 못했고, 부모들의 바람 외에 인권이나 시민권은 없었다. 〈막대한 유산〉은 그러한 일부 상황을 폭로하고 있다.

19세기 초 영국의 산업혁명(미국에서는 약 100년 후)은 사태를 더욱 악화시켰다. 노동자들에 대한 수요는 그 어느 때보다 컸다. 광산, 공장, 상점들은 항상 일손이 부족했다. 아동들은 임금이 쌌고, 많았고, 관리하기도 쉬웠다. 고아원 — 부모들까지도 — 에서는 아이들을 방적 공장이나 기타 사업체에 보내 돈을 벌어 오게 했다.

당시의 정부는 최저 연령, 최저 임금, 또는 최저 근무시간을 정해 놓지 않았다. 겨우 다섯 살이나 여섯 살밖에 되지 않은 아이들이 노예 임금을 받고 식사도 거의 못한 채 하루에 13-16시간을 일하도록 강요당했다. 1832년, 새들러 위원회는 섬유 공장 환경을 조사하면서 아이들이 아침식사도 거른 채, 1시간에 점심을 먹는 등, 아침 6시부터 밤 9시까지 일하고 2마일 떨어진 집으로 걸어가는 것을 발견했다. 일터에 지각하거나 작업 속도가 느린 아이, 작업을 하다 잠이 드는 아이들은 가죽 끈으로 심하게 맞기도 했다. 가족 시간이란 것은 없었으며, 어떤 아이들은 저녁식사를 기다리다가 지쳐 그냥 잠이 들었다. 회사에 '매인' 아이들은 종종 도주를 시도했고, 붙잡히면 채찍질을 당했다. 음식을 충분히 먹지 못하고, 지치고, 병

들거나 상처받는 것 외에도 기계 앞에서 많은 시간을 보내는 아이들은 종종 다리가 휘었고, 사지와 근육 발달은 빈약했다.

석탄 광산은 더 심했다. 아이들은 전등불도 없이 갱도를 지나야 했으며, 종종 장딴지까지 차오른 물속을 걸으면서 무거운 짐을 날랐다. 광산에서 여성과 아이들을 고용한 주된 이유는 값싼 임금 때문이었다.

그나마 고용되는 '행운'을 잡지 못한 아이들은 정화되지 않은 오수, 썩은 동물과 음식 쓰레기, 쥐, 질병, 그리고 비위생적인 물이 넘쳐나는 거리의 부랑아 생활을 선택해야 했다. 이들은 먹을 것과 비바람과 추위를 피할 곳을 찾아야 했다. 생존을 위해 범죄에 빠져드는 것은 탐욕적인 행동이라기보다는 살기 위한 절박한 몸부림이었다. 따라서 매그위치가 어린 나이에 범죄로 빠져든 것은 놀랄 일이 아니다.

19세기가 진행되면서 아동 유기와 집, 의복, 음식과 진료를 제공하지 못하는 행위를 불법화하는 법들이 통과되었다. 1884년 영국 헌법은 가정의 아동들을 보호했다. 이 밖에 의회는 근로 조건, 최저 임금, 그리고 아동의 작업 시간을 규제했다. 하지만 의무 교육은 20세기가 되어서야 실시되었다.

이 부분은 원작에 대한 이해력을 테스트하는 난입니다. 다음의 세 가지 코너를 차례로 끝내면, 〈막대한 유산〉에 대한 포괄적이고 의미 있는 파악이 가능해질 것입니다.

A 다음 질문에 간단히 답하시오.

1. 사람을 '손수' 양육한다는 것은 무슨 뜻인가?

2. 핍의 유산에 대한 두 가지 조건은 무엇인가?

3. 핍이 해비샴 여사의 집을 방문하고 런던 집으로 돌아올 때 경비원이 그에게 쪽지를 건넨다. 그 내용은 무엇이고 누가 보낸 것인가?

4. 해비샴 여사는 핍에게 종이철과 연필을 건넨다. 그녀는 종이에 무엇을 쓰라고 청하는가?

모범답안: 1. 아기에게 모유를 먹이는 대신 우유를 먹이는 것. 2. '핍'이란 이름을 유지해야 하고, 피상속자가 누구인지 물어 보면 안 된다. 3. "집에 가지 마." 웨믹. 4. "나는 당신을 용서합니다."

B 원작에서 다음 인용문을 찾아 그 장면에 대해 설명하시오.

1. 얘야, 너를 손수 키운 그들에게 감사하거라.

2. 그리고 그의 묘석에 그의 단점을 새겨 넣으려는 것이 내 의도였지.
   이 묘비를 읽는 사람은 그의 마음속이 그토록 선함을 기억하도록.

3. 올곧음을 통해 비범할 수 없다면 비뚤어진 길을 통해서도 결코 비범
   해질 수 없어.

4. 저는 당신이 의도하는 만큼 불행해요.

5. 곧 자기를 조금도 좋아하지 않는다고 생각하게 될 그 남자에게 내
   자신을 던져야 하는 거야?

모범답안: 1. 펌블축이 핍에게 누나에게 감사하라며.

2. 조가 핍에게 자기 아버지의 묘석에 새기고 싶어하는 말에 대해.

3. 핍이 해비샴 여사의 집을 묘사하면서 거짓말 했다는 것을 시인하자 조가 핍에게.

4. 에스텔라가 드러믈과 결혼한다는 사실을 알고 핍이 해비샴 여사에게.

5. 에스텔라가 핍에게 왜 더 나은 사람 대신에 드러믈과 결혼하는지 말하면서.

C   다음 질문에 대해 간단히 서술하시오.

1. 조는 왜 아내의 학대를 참는가? 그의 선택에 동의하는가, 그리고 그는 핍을 보호하기 위해 충분히 노력했는가?

2. 해비샴 여사는 진정 핍에게 견습공직으로 보상했다고 생각하는가? 에스텔라와 함께 있고 싶어하는 그를 대장간으로 보낸 것은 실제로 남자들에 대한 복수가 되었나?

3. 핍은 매그위치의 돈을 왜 조금도 더 받기를 거절하는가? 이것은 올바른 선택이었는가? 그 이유는, 아니면 그렇지 않은 이유는?

4. 두 가지 결말 중 어느 것을 선호하는가? 아무것도 없다면 당신은 결말을 어떻게 짓겠는가?

5. 소설 끝부분에서 에스텔라의 변모는 진실일까?

- 막대한 유산이 남긴 막대한 과제
- 실전 연습문제

一以貫之는 '논어'에 나오는 말로 '모든 것을 하나의 이치로 꿴다'는 뜻입니다.

논술의 주제와 문제 유형, 제시문들은 참으로 다양하고 가지각색입니다. 그러나 그 모든 것을 하나로 꿸 수 있습니다. '인간사회의 보편적 문제들에 대한 근원적인 물음에 답하는 자기 나름의 견해'라는 것이지요. 논술은 인간이면 누구나 부닥치는 개인적 또는 사회적 문제들에 대한 자기 나름의 고민이자 성찰입니다. 논술은 자기견해, 자기 가치관, 자기 삶에 대한 솔직한 고백입니다.

一以貫之 논술 연구모임은 '자신의 물음'과 '자신의 생각'을 갖고 '자신의 글'을 쓸 수 있도록 도와줍니다.

〈집필진〉
박규현, 이호곤, 우한기, 김법성, 김재년, 김병학, 도승활, 백일, 조형진, 우효기

막대한 유산이 남긴 막대한 과제

신분상승은 예나 지금이나 대부분 사람들의 꿈이다. 시대마다 신분을 보장하는 조건은 다르지만 엄연히 우리는 계급사회에 살고 있고, 그래서 그 꿈은 현재진행형이다. 이 작품은 주인공의 신분상승 기회와 좌절 과정을 통해 그보다 더 중요한 인간 보편의 가치가 있음을 역설한다. 이미 산업자본주의가 정착되었던 19세기 중반을 시대적 배경으로 하고 있어 디킨스가 묘사하는 군상들의 모순과 그 의미는 오늘날과 다르지 않다. 따라서 신분상승과 관련된 인간들의 속물근성에 대한 날카로운 풍자는 '지금, 여기'에서도 유효하다.

그러나 이 작품에는 체험적 좌절과 깨달음, 그것도 지극히 우연하고 개인적인 수준의 그것만 있을 뿐이다. 섬세한 일상 묘사를 통해 시대를 관통하는 문제를 짚어낸 비판적 리얼리즘의 성취는 있으되, 비사회적인 문제 해결과 해피엔딩은 독자의 마음에 상처를 주지 않으려는 작가의 의도라고만 해석해 줄 수 없는 한계도 동시에 보여준다.

신사의 조건

19세기 영국의 귀족은 '신사', 젠틀맨이다. 그 내용은 돈 많은 부르주아이면서 동시에 교양을 갖춘 인간으로 표현된다. 주인공 핍은 대장장이 매형의 보살핌을 받는 비천한 꼬마에 불과했지만 그에게 '막대한 유산'이 주어질 예정이라는 단 하나의 사건에 의해 일순간 미운 오리 새끼에서 백조로 변신한다. 그를 대하는 모든 사람들의 태도가 돌변한 것은 물론이고 심지어는 펌블축처럼 그를 안다는 것만으로 위세를 부리거나 평판의 득을 얻으려는 인간도 있다. 적어도 돈은 곧 계급이고 교양은 거기에 따르는 장식물 정도라는 의식의 투철함이 이토록 적나라하게 드러난 작품은 없을 듯하다. '자유와 평등, 박애'라는 시민혁명의 이상에도 불구하고 현실은 냉정하게 계급적이며 일상의 생활인들이 그 사실을 너무나 잘 되새기고 있다는 점이 핍을 둘러싼 군상들의 태도 변화를 통해 잘 묘사되고 있다. 주인공 핍 자신이 돈의 마력에 의해 자신을 길러준 대장장이 조로부터 마음이 멀어지는 것을 보면 돈이 얼마나 사람을 분류·구분하는 기준으로 작용하는지 알 수 있다.

물론 돈이 곧 행복을 보장하는 것은 아니며 돈으로 움직여지지 않는 무엇도 있다는 복선이 소설의 초반부터 깔리기는 한다. 많은 돈을 가졌으면서도 실연의 상처로 세상과 벽을 쌓고 사는 해비샴이나 핍을 길러준 대가를 묻는 재거스에게 자신의 진정한 애정이 돈으로 평가될 수 없다고 맞서는 조의 존재가 그런 예다. 소설에서 해비샴의 저택은 생기 없는 폐허다. 반면 대장간은 소소한 다툼이 끊임없이 벌어지지만 역동적이고 활기찬 공간으로 대비된다. 그러나 일단은 돈이 모든 인간관계의 척도가 된다는 냉정한 현실이 먼저다. 이런 인간의 속물적 폐부를 서슴없이 드러낸다는 면에서 디킨스는 현실주의자라고 불린다.

자본주의를 근본적으로 규정하는 '돈'에 대한 태도는 대체로 다음 몇 가지로 나뉜다.

첫째, 돈은 곧 전지전능한 '물신'이며, 적극적으로 추구되어야 할 선(善)이란 태도

부유하지 못한 사람들은 스스로를 위로하기 위해 부(富)가 가져오는 불행에 대하여 터무니없는 이야기를 꾸며낸다. 마이다스는 자신의 딸을 황금으로 변하게 했고, 모든 것이 손대는 족족 황금으로 바뀌는 바람에 음식조차 먹지 못했다고 하면서 말이다. 그러나 부자가 불행하지 않다는 사실을 사람들은 본능적으로 알고 있고 그것은 최근의 사회과학적 조사에서도 확인되고 있다. 부유해질수록 그만큼 행복해진다는 것이다.

부는 많은 소비재를 구매할 능력을 부여하지만, 오히려 그보다 훨씬 더 중요한 사실은 사람들에게 하고자 하는 일을 할 수 있는 능력을 제공해 준다는 점이다. 부유한 사람은 다른 사람을 고용하거나 해고하고, 승진시키거나 좌천시킬 수 있으며, 사업을 시작하거나 그만둘 수도 있고, 사업체를 이곳에서 저곳으로 옮길 수도 있다. 부유한 사람은 주위의 물적·인적 환경을 통제할 수 있다. 반면에 부유하지 못한 사람은 주위의 환경에 순응해야 한다.

부유한 사람은 정치적 영향력 역시 아무도 모르게 돈으로 살 수 있다. 선거 기부금을 통해 한 표 이상의 영향력을 행사할 수 있다. 직접적으로 정치권력을 손에 넣을 수도 있다. 미국 상원의원의 반수 이상이 인구의 상위 1% 이내의 부유층이며, 저명한 상원의원과 주지사들 다수가 엄청난 부의 소유자들이다. 선거 자금의 필요성으로 말미암아 부를 소유하지 못한 정치가가 부패할 수밖에 없는 시대에는 부자가 유일하게 정직한 사람들이다. 그들은 자신의 선거 자금을 마련하기 위해 영혼을 팔 필요가 없기 때문이다.

개인의 사회적 서열을 매기는 중요한 척도 중 하나였던 부는 시간이 흐르면서 개인의 가치를 재는 거의 유일한 척도가 되었다. 부는 자신의 패기를 입증하고 싶어하는 사람이 달려들 만한 유일한 게임이다. 부는 치열한 경합장이다. 그곳에서 시합을 하지 못하는 사람은 2류로 규정된다. ─ 레스터 C. 서로 〈부의 구축(構築)〉

(2000년 이화여대 정시 중)

둘째, 돈은 필요악이라는 태도

시골뜨기 늙은 선장이 내게 비를 들고 갑판을 청소하라는 명령을 내린들 어쩌겠는가? 신약 성서에 비추어보면 이 정도의 굴욕이 무슨 대수란 말인가? 노예 아닌 사람이 이 세상에 존재하느냐고 나는 묻고 싶다. 늙은 선장이 아무리 나를 혹사하고 괴롭힌다고 해도, 나는 다른 사람들도 나름대로 육체적 또는 정신적인 의미에서는 노예라고 자위하면서 스스로 만족해 한다. 결국 온 세상이 서로에게 주먹질을 하고 있으니 각자는 서로 어깨를 다독거리며 만족하는 수밖에 없다.

다시 한 번 말하지만 나는 언제나 일반 선원의 자격으로 바다에 나간다. 선원 일은 나의 노고에 대해 대가를 지불해 주기 때문이다. 동전 한 푼이라도 승객에게 돈을 지불한 예는 없다. 반대로 지불하는 쪽은 오히려 승객이다. 돈을 지불한다는 것과 돈을 받는다는 것은 이 세상에서 얼마나 큰 차이인가? 돈을 받는다는 것, 이를 무엇에 비할 수 있겠는가? 돈은 지상의 온갖 악의 근원이므로 돈을 가진 사람은 절대로 천국에 들어가지 못한다는 우리의 뿌리 깊은 믿음을 생각하면 사람이 돈을 받기 위해 행하는 갸륵한 수고야말로 참으로 놀라운 일이 아니겠는가? 아아, 얼마나 즐겁게 우리는 그 파멸에 몸을 맡기고 있단 말인가?

— 허먼 멜빌 〈모비 딕〉 (2000년 이화여대 정시 중)

셋째, 돈은 적극적으로 부정되어야 할 영혼의 장애물이라는 태도

가난이 도덕적인 이상으로 나타나게 되면 그에 상응하여 화폐의 취득은 가장 위험한 유혹, 진정한 악(惡)으로서 혐오의 대상이 된다. 영혼의 구원이 최종 목표로 간주될 때 많은 교리에서는 가난이 긍정적이며 필수적인 수단으로 해석되고 왕왕 수단으로서의 지위를 넘어 그 자체가 중요하고 타당한 가치로서의 권위를 가지게 된다. 가난을 절대적인 가치로까지 고양시켰던 그러한 내적인 마음자세는 초기 프란시스코파 수도사들에게서 가장 열렬하고 명확하게 나타난다. 그들에게 가난은 독립적인 가치 혹은 심원한 내적 요구의 상관 개념이었다. 이 교단의 초기에 정통한 한 역사가는 이렇게 쓰고 있다. "프란시스코파 수도사들은 가난 가운데서 안전과 사랑, 자유를 발견하였다. 이 새로운 사도들이 필사의 노력을 다해 이 귀중한 보배를 보전하려고 했다는 것은 이상한 일이 아니다. 가난에 대한 그들의 숭배심은 거의 무한한 것이었다. 그들은 불타는 열정으로 그들의 애인에게 날마다 새로이 구혼했던 것이다."

이와 같이 가난은 적극적인 소유물이 되었다. 가난은 영혼의 구원이라는 신성한 재화의 획득을 매개했고 다른 한편으로 경멸적이고 세속적인 재화를 얻기 위해 돈이 수행하는 것과 똑같은 역할을 수행했다. 돈과 마찬가지로 가난은 실제적인 일련의 가치가 흘러들어가고 다시 풍성하게 되어 흘러나오는 저수지였다. 가난은 지고한 의미에서 '세계는 모든 것을 포기하는 사람에게 속한다'는 사실의 표현인 것이다. 돈을 포기하는 사람은 모든 것을 상실하는 것이 아니라 오히려 가난 속에서—마치 탐욕스러운 사람에게 돈이 그러한 것과 마찬가지로—모든 사물 중에 가장 순수하고 정묘한 것을 소유하게 되는 것이다. 프란시스코파 수도사들은 '아무것도 갖고 있지 않으나 모든 것을 소유한 사람'이라고 불리어졌다.

—게오르그 짐멜 〈돈의 철학〉 (2000년 이화여대 정시 중)

마지막, 돈은 필요하지만 생존을 위해 필요한 최소한에서 절제되어야 하고, 그 위에서는 도덕성이 인간을 이끌어야 한다는 태도

만일 우리가 환경 때문에 극단으로 이끌리게 되고, 그래서 극단적인 태도 때문에 사람들 사이에 갈등이 생겨나고, 또한 본래의 운명으로부터 비켜가지 않을 수 없게 된다면, 그때 우리가 불러내야 할 미덕은 다름 아닌 절제일 것이다. 무언가를 소유하고, 능력을 갖추고, 가치를 지니는 것. 이런 것은 우리의 평안을 깨뜨리고 괴롭히게 된다. 많은 것을 소유한 사람? 소유가 우리를 괴롭히는 까닭은, 그것이 우리로 하여금 궁핍을 모르게 하고, 우리의 정체성을 더욱 크게 부풀려주기 때문이다. 그럼으로써 재물이 우리가 할 일을 대신하게 될 때, 우리는 스스로 존재할 수 없게 된다. 더군다나 우리는 다른 사람들을 착취함으로써 재산을 증식시키는 경우가 대부분이지 않은가! (중략)

나는 끊임없이 더 많이 소유하고, 더 많은 능력을 지니고, 더 나은 가치를 지니고 싶었다. 그런데 알고 보면, 이 같은 욕망은 인간이 존재하기 위한 가장 기본적인 요소라고 할 수 있는 애정이 결핍되었을 때 나타나는 결과다. 우리를 이 같은 광기(狂氣)와 상스러운 무지(無知)로부터 벗어나게 해줄 수 있는 것은 오직 하나, 곧 절제라는 태도다.　　　　　　　　　　　─피에르 쌍소 〈느리게 산다는 것의 의미〉

(2001 고려대 정시 중)

생각건대, 인간이 가장 두려워하는 것은 죽음이다. 그런데, 이 죽음에는 여러 종류가 있다. 최종적이고 결정적인 죽음 이전에도 우리는 많은 작은 죽음을 체험한다. 그것은 곧 '무기력'이나 '자기 존재가 부정'당하는 경우다. 인간은 이 무기력과 존재부정으로부터 안전지대를 찾으려고 한다. 그래서 인간은 운명적으로 상대적 비교우위 내지는 열등감에서 벗어나기 힘든지도 모른다. 부정당하지 않으려면 우위에 서야 한다는 의식은 삶의 본능의 다른 표현일 수도 있다. 그리고 자본주의에서 돈은 그 우위 보장을 위한 대부분의 수단을 가능하게 한다. 그러니 어찌 돈에 매달리지 않을 수 있으랴! 이런 점에서는 돈은 곧 자유이며 구원인 것이다.

그러나 우열 관계로 세상을 바라보는 시각은 사실 자신과 주변을 함께 황폐화시키는 지름길이기도 하다. 우선 우열 관계에는 '끝'이 없다. 강남 부자는 몇 안 되는 재벌들을 바라보고, 국내 재벌은 국제적 자산가를 바라보고, 그 모든 국제적 부자들은 '최고'의 한 사람을 바라볼 것이다. 상대적인 크기 앞에서 최고의 자리에 있는, 이것조차 계속 바뀔 테지만, 단 한 사람을 제외하고는 모두가 상대적 빈곤감과 열등감에 시달린다. 그런데, 그 최고 부자는 아무런 열등감이 없을까? 그에게는 돈이 수단이 아니라 인생의 목표가 되어 있을 것이다. 끔찍하게 돈만 아는 사람이 아니고서야 어떻게 최고의 부자가 되겠는가. 하지만 돈은 교환의 수단일 뿐 돈 그 자체가 존재를 대신해 주지는 못한다. 돈이 머릿속에 없는 식견을 만들어주지도 못하고, 없는 경험을 있게 해주지도 못하고, 약한 인간을 강한 인간으로 돌변시켜 주지도 못한다. 한 마디로 돈은 존재 내면의 체득적 세계에 대해서는 무력하다. 그러니 돈이 최고로 많다 해도 '존재적 충만감'이 있는 사람 앞에서는 어찌 '존재적 열등감'을 면할 수 있겠는가. 얄궂게도 돈이 최고로 많은 사람은 돈이 아닌 다른 존재감을 가진 사람 앞에서 열등감을 면할 수 없는 것이다. 돈으로 그 존재감을 대신할 경우, 우리는 이를 '소유양식적 삶'이라고 하는데, 공허함만 커질 뿐이다. 역으로 돈에 대한 열등감을 벗어나는 길은 돈이 중심이 아닌 다른 삶의 방식에서만 가능하다는 말이기도 하다.

〈막대한 유산〉에도 이러한 메시지는 들어 있다. 하루아침에 대장간의 견습공에서 '신사'로 신분 상승한 핍이 겪는 몰락과 몰락 과정에서 그가 알아가는 인간에 대한 애정의 중요성이 이 작품의 핵심이다. 매그위치로서는 세상에 대한 한 복수 방법이었을지 모르지만 어쨌든 은혜에 대한 보답과 진심어린 후원자로서의 애정은 따뜻하게 그려진다. 또 대장장이 조는 핍이 곤경에 처할 때마다 조건 없는 배려를 보내준다. 특히 조의 애정은 핍의 위치나 상황과는 관계없이 전해지는 무조건적 성격을 지닌다. 이 작품에서 돈에 얽매이지 않는 자기 세계를 가진 인물은 대장장이 조와 핍을 사랑하다 조의 아내가 되는 비디이다. 그들은 핍의 행운에 진정한 축하를 보내고 핍의 곤경에 조건 없는 사랑을 보인다. 디킨스는 바로 그러한 인간에 대한 애정과 배려야말로 '신사의 조건'이라고 결말 짓고 싶었던 것이다. 그 모범은 다시 핍의 정신적 성숙과 그의 막역한 친구 허버트를 통해 재현될 것임이 암시되고, 돈에 매여 온갖 속물근성을 보이던 사람들은 작품 속에서 모두 몰락하고 있다.

매그위치와 컴페이슨, 해비샴과 에스텔라 등은 돈으로 행복의
조건을 이룰 수 없다는 것을 증명하는 인물들로 등장한다. 비
록 몰락은 아니라 할지라도 돈의 노예로만 건조하게 살아가는
재거스나 돈이 있어도 천박한 드러믈 같은 인물들도 이 메시
지 전달의 조역들이다.

다음의 제시문은 돈으로 대신할 수 없는 인간애에 대한
암시를 잘 보여준다.

그대는 정말 소피가 자네의 富裕한 처지를 싫어한다고 생각하
는가? 그대는 정말로 그녀가 자네의 청혼을 거절하는 이유가 富 그
자체에 있다고 생각하는가? 아닐세, 에밀, 그녀의 생각 밑바닥에는
그보다 훨씬 중대하고 본질적인 어떤 것이 있네. 그것은 바로 부를
所有한 사람에게 일어날지도 모르는 마음의 상태, 즉 부 때문에 발생
할지도 모르는 집착하는 마음에 대해 걱정하는 것이네. 그녀는 행운
의 선물인 부를 소유한 사람은 그것을 가장 소중하게 여긴다고 생각
하고 있네. 부자들은 항상 인간적 價値보다도 부를 중요시하지. 헌신
적인 봉사와 그 代價인 돈을 비교해 보면 언제나 돈이 봉사를 능가
하지. 따라서 주인을 위해 봉사하면서 일생을 보내는 사람들은 그들
이 얻는 빵에 대한 債務者로 간주된다네. 에밀, 그대가 그녀의 걱정
을 없애주려면 어떻게 해야 할까? 무엇보다도 그대 자신에 대해 그
녀가 잘 알 수 있도록 배려해야 할 것이라고 생각하네. 그러한 일은
하루 만에 이루지지는 않지. 그대 가슴 속에 간직한 보물들을 그녀

에게 보여주도록 하게나. 그렇게 하여 그녀와 그대를 不幸하게 한 그 부의 문제를 풀어가 보도록 하세. 그렇게 노력하면서 시간이 지나가고 그대의 변함없는 정성이 계속된다면 그녀의 순수한 저항은 눈 녹듯이 녹을지도 모르네. 쏟아지는 그대의 고귀한 감정 속에서 그녀가 그대의 부를 잊을 수 있도록 하게. 그녀를 마음으로부터 사랑하고 그녀에게 정성을 다하게. 그리고 그녀의 훌륭하신 兩親께도 정성을 바치게. 그대의 그 친절함이 단지 일시적인 열정의 결과가 아니고 그대 마음에 새겨진 확고한 원칙의 샘에서 솟구치는 것임을 그녀에게 확신시켜주도록 하게. 운명의 학대 속에서 불행을 견뎌내는 그 훌륭한 사람들에게 그에 상당하는 존경을 바치게. 그것만이 그 불행하지만 훌륭한 사람들과 운명의 총애를 받는 행복한 사람을 조화시킬 수 있지 않겠나. ―루소 〈에밀〉 (서울대 2006수시2 중)

진정한 신사가 되기 어려운 현실

〈막대한 유산〉은 많은 독자의 심금을 울리며 대중이 좋아하는 해피엔딩으로 자본주의 사회에서도 역시 가장 중요한 것은 인간애임이 인정될 수 있음을 역설했고, 그 주장은 역사적인 반향을 얻었다. 그럼에도 불구하고 이 작품은 많은 서민들의 마음의 상처를 어루만지는 드라마적 '진정제'는 될 수 있을망정 '치료제'의 제시에는 실패한 듯하다.

우선 이 작품의 진정한 신사로 등장하는 대장장이 조는 어떻게 그런 인간성을 가지고 또 실현할 수 있었는가? 개인적인 우연인가? 그냥 세상에는 이런저런 사람이 있으니 그 차이라고 이해해야 할까? 개과천선한 신사(?) 매그위치는 왜 몰락할 수밖에 없었는가? 타고난 신사 기질의 허버트는 선천적 기질이 신사인가? 한편 주인공 핍은 조와 같은 신사로 변해갈 것이라 암시되지만 실은 그 물질적 기초는 결국 매그위치의 돈을 통해 허버트를 도왔던 것에서 연유하는 바 크다. 예정된 유산과 좌절 과정이 그를 정신적으로 성숙시킨 것을 부인하지 않더라도 그가 실제 신사로 변하는 것에는 물리적인 의미의 '막대한 유산'이 작용한 것이다. 신사 = 보편적 인간애의 담지자라는 등식이 과연 성립할 수 있는지, 또 누가 어떤 조건에서 그런 인간애를 지니고 발휘할 수 있는지 〈막대한 유산〉은 답하지 않는다.

〈막대한 유산〉에는 인간성에 대한 강조는 있으나 그 인간은 불확실하고 모호한 '일반적 인간'이다. 그러나 현실에 존재하는 인간들은 어떤 의미에서건 구체적 인간들일 수밖에 없다. 그런 점에서 마르크스는 포이에르바하를 비판한 바 있다. 그는 포이에르바하가 강조했던 '인간의 일반적 본성'은 관념의 산물일 뿐이고 현실에 존재하는 것은 '계급성'이라는 논리를 펼쳤던 것이다. 〈막대한 유산〉에는 인성에 대한 강조와 당대 사회에 대한 묘사는 있지만 사회와 인간의 연결고리가 누락되어 있다.

마르크스의 계급론이 옳은가 그른가가 문제는 아니다. 문제는 '구체적 인간'의 존재 양식과 그 인간성 구현의 조건이다. 언제나 애정과 배려심이 넘치는 신사의 상(像)이 문제가 아니라 누구에게나 잠재적 가능성이 있는 그 인성의 형성과 발휘가 어떻게 가능한가 하는 것이다. 매그위치란 인물도 원래는 비열했으나 그렇게 된 원인 자체가 그에게는 책임을 물을 수 없는 불행으로 시작되었다. 오히려 그에게 어떤 힘이 생겼을 때 그는 진정으로 멋진 신사를 만들어내고 싶어했고, 은혜를 갚으려 했고, 인간다운 애정을 가지려고 노력하는 인물로 변했다. 그렇다면 그에게도 아름다운 인간성은 있었다는 것인데, 이것이 왜 사회적으로는 추악한 악당 짓으로 발휘되었고, 어떻게 변하게 되었는지를 물어야 한다. 비슷한 하층민에서 출발한 올릭은 끝내 악당으로 끝나고 말았다.

대장장이 조가 실업자였다 해도 여전히 고상했을까? 매그위치의 유산이 아예 작용하지 않았다면, 그래서 핍이나 허버트나 절대 곤궁에서 헤어나지 못하고 당대의 하층민로 전락했다면 어찌 되었을까라는 충분히 가능한 가정에 대한 답을 디킨스가 하지 않는다면 독자의 입장에서라도 생각해 볼 문제다. 인간에게 내재된 선의가 전제될 수 있는지는 모호하지만 그 선의가 발휘될 수 있는 사회적 조건도 결코 간과할 수 없는 문제다. 다음 제시문은 이 문제에 대한 암시를 던져준다.

인간의 마음속에 있는 이상적인 의욕 중에서 공적(公的)으로 나타나는 행동은 언제나 매우 작은 부분에 불과하다. 나머지 모든 부분은 눈에 띄지 않는 가운데 다양하게 실현되어, 실제로 사람들의 주목을 끄는 것보다 수천 배 이상의 가치를 나타낸다. 눈에 보이지 않는 부분과 눈에 보이는 부분의 관계는 깊은 바다와 그 표면에서 일어나는 파도의 관계와도 같다. 봉사(奉仕)를 일생의 업으로 삼을 수 없는 사람들은 봉사를 부차적인 일로 행하는데, 그것은 눈에 보이지 않는 선(善)의 힘이 작용한 것이다. 대부분의 사람들은 생계유지를 위하여, 또는 사회에서의 역할을 다하기 위하여 따분한 일을 직업으로 가져야 한다. 이것이 대부분의 사람들이 처해 있는 운명이다. 이들은 자기 안에 있는 인간성을 풍부하게 발휘할 수 없을 뿐만 아니라 그것을 발휘하는 일 자체가 불가능하다. 기계에 가까울 정도로 일을 해야 하기 때문이다.

그러나 자기를 인간으로 내세울 기회를 전혀 갖지 못하는 사람은 없다. 업무가 조직화·전문화·기계화됨에 따라 새로운 문제가 발생하는데, 이 문제가 인간의 인격을 해치는 것이라면 그대로 받아들여서는 안 된다. 가능한 한 인간의 인격을 옹호하는 쪽으로 이 문제를 해결하도록 해야 한다. 가장 중요한 것은 자기 운명에 복종할 뿐 아니라, 불우한 환경에 처해 있더라도 온 정력을 다하여 인격체로서의 자기를 주장하려고 노력하는 일이다.

비록 보잘것없는 일에서도, 우리는 도움을 필요로 하는 사람들을 인격체로 대하지 않으면 안 된다. 여기에서 우리는 진정한 인간이 되는 것이다. 이러한 기회를 놓치지 않을 때, 우리는 직업 생활과는 다른 인간 생활을 누릴 수 있게 된다. 이와 같이 할 때 인간은 정신적이고 선한 것에 봉사하게 된다. 여하한 운명에 처한 사람이라도 이러한 봉사라면 누구나 부업으로 해낼 수 있다. 그럼에도 불구하고 이런 일들이 실제로 많이 실현되지 못하고 있는 것은 사람들이 그 기회를 소홀히 하고 있기 때문이다. 어떠한 환경에 처하여 있더라도 모두가 인간을 진정한 인간성으로 대하려고 노력하는 것, 바로 여기에 인류의 장래가 달려 있다.

큰 가치가 순간순간 우리들의 소홀함으로 말미암아 나타나지 못하고 있다. 그런 가운데서도 의지나 행위로 나타나는 것은 결코 가볍게 봐서는 안 될 재산이다. 우리의 인간성이란, 사람들이 어리석게 늘 떠드는 것처럼 그렇게 물질적인 것은 아니다. 나는 인간의 마음속에는 표면에 나타나는 것보다는 훨씬 더 많은 이상적인 의욕이 있다고 확신한다. 땅속을 흘러가는 물이 눈에 보이는 흐름보다 많은 것처럼, 인간의 마음속에 갇혀 있거나 간신히 해방되어 있는 이상적인 의욕은 세상에 나타나 보이는 것보다 훨씬 더 많은 것이다. 이처럼 인간의 마음속에 갇혀 있는 이상적인 의욕을 해방시키는 일, 땅속 깊이 있는 물을 표면으로 끌어내는 일, 이 일을 해낼 수 있는 사람을 인류는 갈망하고 있다.

(서울대 2001 정시 중)

기계에 가까울 정도로 일을 해야만 하는 상황은 어떤 인간성의 구현도 어렵다고 역설한 제시문이다. 디킨스의 시대가 바로 그런 시대가 아니던가? 디킨스가 아무리 신사를 얘기해도 그 신사는 결국 어느 정도의 경제적 소유 위에서나 가능한 것이라면 상황은 어떻게 될까? 또, 다음의 상황은 어떠한가?

우리가 가진 근본 욕구들 중에는 도덕적 충동에 따라 행동하려는 욕구가 있다. 그러나 큰 조직에서 우리는 그렇게 할 수 있는 자유를 불가피하게 억압받고, 조직의 규칙을 준수하도록 강요받는다. 그 규칙은 인간에 의해 고안되었지만 인간 자체는 아니다. 아무리 세심하게 만들어졌어도 거기에는 사람의 손길(human touch)과 같은 유연성이 없다. 조직이 크면 클수록 조직의 구성원은 도덕적 존재로서 자유롭게 행동하기가 점점 더 어려워진다. 그들은 흔히 이렇게 말하게 된다. "미안합니다. 제가 하는 일이 옳지 않다는 것은 알지만 이건 제가 받은 지시 사항입니다." 이처럼 큰 조직들은 아주 불량하고 부도덕하게, 또는 아주 어리석고 비인간적으로 움직이게 마련이다. 이는 그 구성원들이 본래 그래서가 아니라 그들이 조직의 크기에서 오는 하중을 받기 때문이다.

큰 조직 안에 있는 사람들은 바깥에 있는 사람들에게 비판을 받게 되지만 이런 비판은 마치 자동차가 배기가스를 배출한다고 해서 운전자를 나무라는 것과 같다. 천사라도 공기를 더럽히지 않고 차를 운전할 수야 없지 않겠는가? 결국 잘못은 조직의 구성원들에게 있다기보다는 조직의 크기에 있는 것이다. 개인들로 하여금 도덕적 충동에 따라 행동하지 못하게 하는 구조를 가진 사회는 부도덕하다. 조직이 지나치게 커지면 그런 바람직하지 못한 결과를 초래한다. 그래서 '거대주의에 의한 합리화'에 중독된 현대인들은 너무 커진 규모 속에서 좌절감을 느끼고 무기력해지는 것이다.

경제적 조건도 문제지만 제도와 조직에 갇힌 인간은 더 큰 문제다. 허버트와 핍은 중산층 이상의 조건에서 자본가를 향해 가고 있는데, 소설이 더 이어진다면 그들의 조직 속에서는 이런 문제가 생기지 않을지 의문이다. 그때에는 어떻게 인간애를 지킬 수 있을지.

만인이 신사가 되는 사회

'멋있는 신사'의 상이 중요한 것은 아니다. 어떻게 그 신사에 이를 수 있는가가 이야기되어야 한다. 그리고 그 조건은 너무나 인간적이면서 너무나 사회적일 수밖에 없다.

대장장이 조는 누구의 착취를 받지 않는, 어쩌면 장래 소시민적 자영업자로 성장할 조건을 가졌다. 핍과 허버트는 소설 속에서 이미 '사업가'로 성장해 간다. 또 다른 안타까운 인물 매그위치 역시 경제적 성공 이후 악당을 벗어날 수 있었다. 결국 인간성의 발휘에 경제력은 충분조건은 아닐지라도 필요조건은 되는 모양이다. 그렇다면 그것이 소수에게 제한되어 있을 때 많은 사람에게 인간애를 가진 신사 모습을 기대할 수 있을까?

우리가 바라는 사회는 만인이 신사가 되는 사회다. 적어도 이 작품의 이상 역시 그것이다. 다만 이 작품에서는 그 조건을 누락하고 있다. 지금, 여기 현실에서 그 조건을 생각해 보는 것이 우리에게 남겨진 과제일 것이다.

인간애를 가진 신사가 태어나기 위해서는 최소한 두 가지 의미의 자유가 있어야 한다. 첫째는 경제력에 관한 한, 인간이 스스로 자신의 현실과 결과를 책임질 수 있기 위해 '착취'가 없어야 한다. 기계처럼 일해야 하고 그 일의 결과 역시 정당하게 자신에게 귀속되지 않는 사회라면 우리는 어떤 신사도 기대할 수 없다. 둘째는 거대 조직의 불합리한 요구로부터 자유로울 수 있을 만큼, 강요되지 않고 자발적인 삶이 되어야 한다. 이 문제는 첫째 조건보다 더욱 어려운 실존적 조건일 것이다.

현실의 우리가 가지고 있는 것은 자유가 아니라 '법적으로 선언된 자유권'이다. 평등이 아니라 '신 앞의' 혹은 '법 앞의' '권리의 평등'이거나 관념적으로 가정된 '기회 균등'이다. 직업선택의 자유가 현실의 청년 백수에게 무의미한 권리이듯 기회의 평등은 경쟁을 통한 불평등으로 다시 귀착되고 만다. 앞으로 우리가 나아갈 지점은 구조화된 착취가 없다는 의미에서 주어지는 자유이며, 그 자유로운 삶에서 개인이 각자의 삶을 주체적·능동적으로 꾸려나갈 때 얻을 수 있는 상대적이고 실질적인 의미의 평등이어야 한다. 그 자유와 평등의 땅에서 만인이 신사가 되는 꿈을 가져야 하지 않겠는가?

〔○○대입〕 이화여대 논술고사

〈문제〉 오늘날 돈은 단순한 교환 수단이나 재화축적 수단 이상의 복합적 의미를 가지고 있다. 아래의 제시문들을 논의의 근거로 삼아 현대 사회에서 돈이 지니는 의미를 개인이 추구해야 할 삶의 질과 관련시켜 논술하시오.

(가) 바다에 나갈 때 나는 한낱 선원으로서 나간다. 그래서 돛대 앞이나 갑판 아래, 또는 제일 높은 마스트의 꼭대기에서 궂은일을 도맡아 한다. 물론 무슨 일이든지 명령을 받아야 하는 신세이니, 5월의 초원에 뛰노는 메뚜기처럼 이 마스트에서 저 마스트로 바삐 뛰어다녀야만 한다. 이것은 확실히 괴로운 일이다. 특히 지방 명문가에서 태어난 사람이라면 더욱 자존심이 상할 것이다. 배를 타는 일로 생계를 유지하기 직전까지 어느 시골 학교에서 교사로 으쓱대며 아무리 몸집 큰 학생이라도 두려워 쩔쩔매도록 한 경험이 있다면 교사에서 선원으로의 변신은 참으로 참담하기 그지없으리라. 세네카나 스토아학파식의 높은 수양을 쌓지 않고선 적당히 코웃음을 치며 참는다

는 것은 불가능한 일이라고 나는 경고하련다. 그러나 시간이 지나면 이런 마음도 차츰 사그라든다.

시골뜨기 늙은 선장이 내게 비를 들고 갑판을 청소하라는 명령을 내린들 어쩌겠는가? 신약 성서에 비추어보면 이 정도의 굴욕이 무슨 대수란 말인가? 노예 아닌 사람이 이 세상에 존재하느냐고 나는 묻고 싶다. 늙은 선장이 아무리 나를 혹사하고 괴롭힌다고 해도, 나는 다른 사람들도 나름대로 육체적 또는 정신적인 의미에서는 노예라고 자위하면서 스스로 만족해 한다. 결국 온 세상이 서로에게 주먹질을 하고 있으니 각자는 서로 어깨를 다독거리며 만족하는 수밖에 없다.

다시 한 번 말하지만 나는 언제나 일반 선원의 자격으로 바다에 나간다. 선원 일은 나의 노고에 대해 대가를 지불해 주기 때문이다. 동전 한 푼이라도 승객에게 돈을 지불한 예는 없다. 반대로 지불하는 쪽은 오히려 승객이다. 돈을 지불한다는 것과 돈을 받는다는 것은 이 세상에서 얼마나 큰 차이인가? 돈을 받는다는 것, 이를 무엇에 비할 수 있겠는가? 돈은 지상의 온갖 악의 근원이므로 돈을 가진 사람은 절대로 천국에 들어가지 못한다는 우리의 뿌리 깊은 믿음을 생각하면 사람이 돈을 받기 위해 행하는 갸륵한 수고야말로 참으로 놀라운 일이 아니겠는가? 아아, 얼마나 즐겁게 우리는 그 파멸에 몸을 맡기고 있단 말인가?

— 허먼 멜빌 〈모비 딕〉

(나) 가난은 일정한 화폐경제 단계에서만 지극히 순수하고 특수한 형태로 나타난다. 아직 화폐경제에 의해 매개되지 않은 자연적인 조건 하에서 그리고 농업생산물이 상품으로 등장하지 않는 경우에는 개인의 절대적인 궁핍이라고 하는 것은 매우 드물다. 20세기 초까지만 해도 러시아는 화폐경제의 영향이 미약한 지역에서는 개인적인 궁핍이 존재하지 않는다고 자랑스럽게 말하였다. 가난은 하나의 일반적인 현상으로서, 사람들은 화폐에 의존하지 않고서도 최소한의 필수품을 쉽게 얻을 수 있었기 때문이다.

가난이 도덕적인 이상으로 나타나게 되면 그에 상응하여 화폐의 취득은 가장 위험한 유혹, 진정한 악(惡)으로서 혐오의 대상이 된다. 영혼의 구원이 최종 목표로 간주될 때 많은 교리에서는 가난이 긍정적이며 필수적인 수단으로 해석되고 왕왕 수단으로서의 지위를 넘어 그 자체가 중요하고 타당한 가치로서의 권위를 가지게 된다. 가난을 절대적인 가치로까지 고양시켰던 그러한 내적인 마음자세는 초기 프란시스코파 수도사들에게서 가장 열렬하고 명확하게 나타난다. 그들에게 가난은 독립적인 가치 혹은 심원한 내적 요구의 상관 개념이었다. 이 교단의 초기에 정통한 한 역사가는 이렇게 쓰고 있다. "프란시스코파 수도사들은 가난 가운데서 안전과 사랑, 자유를 발견하였다. 이 새로운 사도들이 필사의 노력을 다해 이 귀중한 보배를 보전하려고 했다는 것은 이상한 일이 아니다. 가난에 대한 그들의 숭배심은 거의 무한한 것이었다. 그들은 불타는 열정으로 그들의 애인에게 날마다 새로이 구혼했던 것이다.”

　　이와 같이 가난은 적극적인 소유물이 되었다. 가난은 영혼의 구원이라는 신성한 재화의 획득을 매개했고 다른 한편으로 경멸적이고 세속적인 재화를 얻기 위해 돈이 수행하는 것과 똑같은 역할을 수행했다. 돈과 마찬가지로 가난은 실제적인 일련의 가치가 흘러들어가고 다시 풍성하게 되어 흘러나오는 저수지였다. 가난은 지고한 의미에서 ‘세계는 모든 것을 포기하는 사람에게 속한다’는 사실의 표현인 것이다. 돈을 포기하는 사람은 모든 것을 상실하는 것이 아니라 오히려 가난 속에서—마치 탐욕스러운 사람에게 돈이 그러한 것과 마찬가지로—모든 사물 중에 가장 순수하고 정묘한 것을 소유하게 되는 것이다. 프란시스코파 수도사들은 ‘아무것도 갖고 있지 않으나 모든 것을 소유한 사람’이라고 불리어졌다.

— 게오르그 짐멜 〈돈의 철학〉

(다) 부유하지 못한 사람들은 스스로를 위로하기 위해 부(富)가 가져오는 불행에 대하여 터무니없는 이야기를 꾸며낸다. 마이다스는 자신의 딸을 황금으로 변하게 했고, 모든 것이 손대는 족족 황금으로 바뀌는 바람에 음식조차 먹지 못했다고 하면서 말이다. 그러나 부자가 불행하지 않다는 사실을 사람

들은 본능적으로 알고 있고 그것은 최근의 사회과학적 조사에서도 확인되고 있다. 부유해질수록 그만큼 행복해진다는 것이다.

부는 많은 소비재를 구매할 능력을 부여하지만, 오히려 그보다 훨씬 더 중요한 사실은 사람들에게 하고자 하는 일을 할 수 있는 능력을 제공해 준다는 점이다. 부유한 사람은 다른 사람을 고용하거나 해고하고, 승진시키거나 좌천시킬 수 있으며, 사업을 시작하거나 그만둘 수도 있고, 사업체를 이곳에서 저곳으로 옮길 수도 있다. 부유한 사람은 주위의 물적·인적 환경을 통제할 수 있다. 반면에 부유하지 못한 사람은 주위의 환경에 순응해야 한다.

부유한 사람은 정치적 영향력 역시 아무도 모르게 돈으로 살 수 있다. 선거 기부금을 통해 한 표 이상의 영향력을 행사할 수 있다. 직접적으로 정치권력을 손에 넣을 수도 있다. 미국 상원의원의 반수 이상이 인구의 상위 1% 이내의 부유층이며, 저명한 상원의원과 주지사들 다수가 엄청난 부의 소유자들이다. 선거 자금의 필요성으로 말미암아 부를 소유하지 못한 정치가가 부패할 수밖에 없는 시대에는 부자가 유일하게 정직한 사람들이다. 그들은 자신의 선거 자금을 마련하기 위해 영혼을 팔 필요가 없기 때문이다.

개인의 사회적 서열을 매기는 중요한 척도 중 하나였던 부는 시간이 흐르면서 개인의 가치를 재는 거의 유일한 척도가 되었다. 부는 자신의 패기를 입증하고 싶어하는 사람이 달려들 만한 유일한 게임이다. 부는 치열한 경합장이다. 그곳에서 시합을 하지 못하는 사람은 2류로 규정된다.

— 레스터 C. 서로 〈부의 구축(構築)〉

다락원 명작노트 022

막대한 유산

펴낸이 정효섭
펴낸곳 (주)다락원

초판 1쇄 인쇄 2007년 1월 25일
초판 1쇄 발행 2007년 2월 5일

책임편집 안창열, 김지영
디자인 손혜정, 박은진
번역 장봉진
삽화 손창복

다락원 경기도 파주시 교하읍 문발리 509-1
Tel:(02)736-2031 Fax:(02)732-2037
(내용문의: 내선 520/구입문의: 내선 113-114)
출판등록 1977년 9월 16일 제300-1977-23호

Copyright © 2007, 다락원

출판사의 허락 없이 이 책의 일부 또는 전부를
무단 복제·전재·발췌할 수 없습니다.
잘못된 책은 바꿔 드립니다.

값 8,500원

ISBN 978-89-5995-137-6 13740

패턴 따라 쉽게 쓰는 틴틴 영어일기 1, 2

❶ 일상생활 패턴정복
❷ 학교생활 패턴정복

중학교에 다니는 여학생과 남학생이 각각 일상생활과 학교생활을 중심으로 1년간의 일을 쉽고 재미있게 쓴 영어일기. 중학생이라면 누구나 한번쯤 겪어봤을 만한 일들을 바탕으로 한 다양한 일기 소재와 어휘가 제공되어 있기 때문에, 영어일기를 통해 영작을 연습하려는 학습자에게 큰 도움이 될 수 있는 교재이다. 중·고생뿐만 아니라, 중학 영어를 미리 예습하려는 예비 중학생들에게도 아주 효과적인 영어 학습서로 강추!

□ 정미선 지음 / 4·6배 변형 / 192면
□ 정가 10,000원 (오디오 CD 1개 포함)

Teen Teen Diary (전3권)

❶ 매일 10단어로 뚝딱 중학생 영어일기

중1 수준의 어휘와 문장으로, 영어일기와 일상회화에 대한 감각을 익힌다.

□ 정미선 지음 / 신국판 / 144면
□ 정가 7,500원 (테이프 1개 포함)

❷ 매일 5문장으로 술술 중학생 영어일기

중2 수준의 어휘와 문장으로, 영어일기에 친숙해지고 자신감을 쌓는다.

□ 정미선 지음 / 신국판 / 152면
□ 정가 7,500원 (테이프 1개 포함)

❸ 매일 내맘대로 쓱싹 중학생 영어일기

중3 수준의 어휘와 문장으로, 중학영어를 마스터하고 미국의 일상회화에 익숙해진다.

□ 정미선 지음 / 신국판 / 144면
□ 정가 7,500원 (테이프 1개 포함)

지니의 미국생활 영어일기 Hello! America (전2권)

❶ 가을학기 ❷ 봄학기

어느 한국 여학생의 미국생활 이야기를 일기 형식으로 담은 책. 1권은 '가을학기', 2권은 '봄학기'편으로, 총 1년간의 미국 학교생활 및 일상생활에 관한 흥미로운 이야기들이 담겨 있다. 미국 학생들의 실생활을 바탕으로 한 탄탄한 스토리로 살아 있는 현지 영어와 미국문화를 체험할 수 있을 뿐만 아니라, 영어 독해 및 영작 연습을 할 수 있는 아주 유용한 교재이다.

□ 이지현 지음 / 국배판 변형 / 152면
□ 정가 8,500원

〈행복한 명작 읽기〉는 기초가 약한 영어 초급자나 초, 중, 고 학생들이 보다 즐겁고 효과적으로 명작들을 읽으며 독해력을 키울 수 있도록 개발된 독해력 증강 프로그램입니다.

책의 특징

1 골라 읽는 재미가 있다. 초보자를 위한 350단어 수준에서 중고급자를 위한 1,000단어 수준까지 5단계 구성.

2 단계별로 효과적인 영어 읽기 요령과 영문 고유의 참맛을 느낄 수 있는 장치가 곳곳에.

3 읽기만 해도 영어의 키가 쑥쑥 – 해석을 돕는 돼지꼬리(∽), 영어표현 및 문법 설명, 퀴즈가 왕창.

4 체계적인 듣기 학습까지. 전문 미국 성우들의 생동감 넘치는 원음을 담은 오디오 CD 제공.

왕초보 기초다지기

쉬운 영문을 통해 영어 독해에 대한 막연한 두려움을 없앤다.

Grade 1 — Beginner	Grade 2 — Elementary
1 미녀와 야수	11 이솝 이야기
2 인어공주	12 큰 바위 얼굴
3 크리스마스 이야기	13 빨간머리 앤
4 성냥팔이 소녀 외	14 플랜더스의 개
5 성경 이야기 1	15 키다리 아저씨
6 신데렐라	16 성경 이야기 2
7 정글북	17 피터팬
8 하이디	18 행복한 왕자 외
9 아라비안 나이트	19 몽테크리스토 백작
10 톰 아저씨의 오두막	20 별 ㅣ 마지막 수업

Grade 1 — **350** words
Grade 2 — **450** words

국판 ㅣ **Grade 1, 2, 3** 각권 6,000원
(오디오 CD 1개 포함)

Grade 4, 5 각권 7,000원
(오디오 CD 1개 포함)

*어린왕자 8,000원
(오디오 CD 2개 포함)

**고도를 기다리며 9,000원
(오디오 CD 2개 포함)

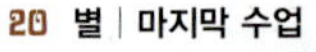

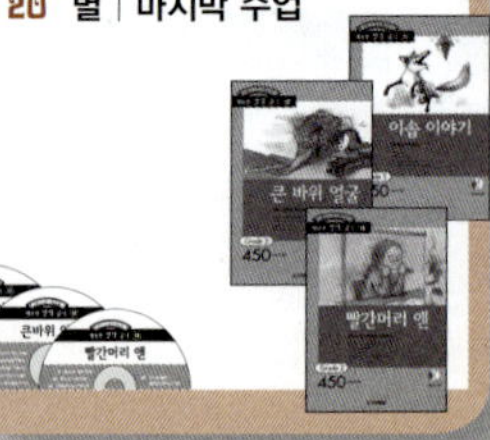

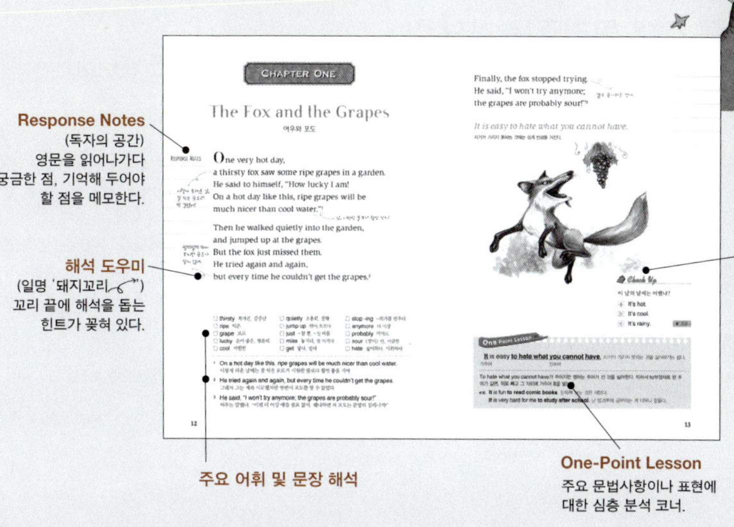

Response Notes
(독자의 공간)
영문을 읽어나가다
궁금한 점, 기억해 두어야
할 점을 메모한다.

해석 도우미
(일명 '돼지꼬리')
꼬리 끝에 해석을 돕는
힌트가 꽂혀 있다.

Check-Up
내용 파악이
잘 되었는지 확인.

주요 어휘 및 문장 해석

One-Point Lesson
주요 문법사항이나 표현에
대한 심층 분석 코너.

+ 실력 굳히기 +

실력에 맞게 효과적으로 끊어 읽으며 직독직해 훈련을 한다.

★ 영어의 맛 ★
제대로 느끼기

영문판 원서 도전을 위한
전 단계의 준비과정이다.

Grade 3 Pre-intermediate 600 words

21 톨스토이 단편선
22 크리스마스 캐럴
23 비밀의 화원
24 헬렌 켈러, 나의 이야기
25 베니스의 상인
26 오즈의 마법사
27 이상한 나라의 앨리스
28 로빈 후드
29 80일 간의 세계 일주
30 작은 아씨들

Grade 4 intermediate 800 words

31 오페라 이야기
32 오페라의 유령
33 어린 왕자*
34 돈키호테
35 안네의 일기
36 고도를 기다리며**
37 투명인간
38 오 헨리 단편선
39 레 미제라블
40 그리스 로마 신화

Grade 5 Upper-intermediate 1000 words

41 센스 앤 센서빌리티
42 노인과 바다
43 위대한 유산
44 셜록 홈즈 베스트
45 포 단편선
46 드라큘라
47 로미오와 줄리엣
48 주홍글씨
49 안나 카레니나
50 나에겐 꿈이 있습니다
　　－명연설문 모음

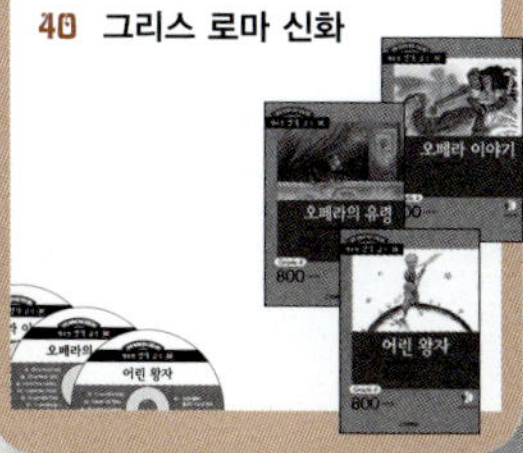

콕콕 찍어 들려주는 명작 리스닝 시리즈 [전20권]

세계 명작소설을 쉽게 고쳐 쓴 중·고생용 학습 교재. 독해와 함께 청취력 향상을 위해 전 내용을 녹음하고, 매 페이지에 리스닝 포인트를 두어 한국인이 듣기 어려운 부분은 또박또박한 발음으로 반복해 들려준다. 권말에는 영어듣기 테스트를 수록해, 입시에서 점점 비중이 높아지는 듣기시험에 대비하도록 했다.

□ 각 권 4·6판/140면 내외
□ 정가: 각 권 5,800원 (테이프 2개 포함)

① 이상한 나라의 앨리스 / 백설공주와 일곱 난쟁이
Alice's Adventures in Wonderland /
Snow White and the Seven Dwarfs

② 이솝 우화
Aesop Fables

③ 그림 동화집 / 잭과 콩나무
Grimms Fairy Tales / Jack and the Beanstalk

④ 재미있는 이야기 / 미녀와 야수
Famous Stories / Beauty and the Beast

⑤ 알라딘과 요술램프 / 이른 아침의 살인
Aladdin and the Magic Lamp / Dead in the Morning

⑥ 오즈의 마법사 / 흑마 이야기
The Wonderful Wizard of Oz / Black Beauty

⑦ 걸리버 여행기 / 쉽게 번 돈
Gulliver's Travels / Fast Money

⑧ 거울 속의 앨리스 / 정원
Through the Looking Glass / The Garden

⑨ 피터 팬
Peter Pan

⑩ 큰 바위 얼굴 / 크리스마스 선물 /
알리바바와 40인의 도적들
The Great Stone Face / The Christmas Present /
Ali Baba and the Forty Thieves

⑪ 돈키호테 / 헨리 포드 이야기
Don Quixote / Tin Lizzie

⑫ 로빈 후드 / 어느 병사의 죽음
Robin Hood / Death of a Soldier

⑬ 신문 배달 소년 / 긴 터널 / 몰리의 순례자
Newspaper Boy / The Long Tunnel / Molly Pilgrim

⑭ 언덕 위의 집 / 헤라클레스
The House on the Hill / Hercules

⑮ 우주 도시로의 여행 / 요술 정원
Journey to Universe City / The Magic Garden

⑯ 마르코 폴로 / 크리스토퍼 콜럼버스 /
올리버 트위스트
Marco Polo / Christopher Columbus / Oliver Twist

⑰ 삼총사 / 레슬러
The Three Musketeers / The Wrestler

⑱ 불의 전차
Chariots of Fire

⑲ 런던 경시청 이야기 / 아서 왕
The Story of Scotland Yard / King Arthur

⑳ 도난당한 편지 / 붉은 머리 사교회 /
트래버스 씨의 첫사냥
The Stolen Letter / The Society of Red-Headed
Men / Mr. Travers First hunt

Notes 

Notes